実現する

経営ビジョン・経営計画 Q&A

熱気と一体感のある組織が企業を成長させる

株式会社たけびし
取締役相談役
岩田武久 IWATA Takehisa

税理士法人川嶋総合会計
代表社員・公認会計士
山田善紀 YAMADA Yoshinori 著

同文舘出版

はじめに

　私が株式会社たけびしの社長に就任した当時は、IT バブルがはじけ、大変厳しい経営環境の下で2年連続赤字という苦境に立たされておりました。外部からの就任ということもあり、まず始めたのは各部門のヒアリング、そして社員の声を聞くことでした。

　そこで感じたことは、社員のポテンシャルは高く、経営環境が悪いとはいえ赤字に甘んじているような会社ではない、ということでした。

　なぜなのか？　その理由はすぐわかりました。それは解決すべきテーマが山積しているにもかかわらず、それに気づいていないか、気づいていてもその解決の糸口を見出せず悪戦苦闘している、ということでした。

　そうした状況を打開するため、即実行したことは社員各層の生の声を徹底的に聞き、課題解決に向け、社員と同じ土俵に上がり、体質改善を図ることでした。

　その方法として1つ目に、定時後に社長も含め一律会費制で立場を離れて自由に話すことのできる場を設けました。まずは30歳前後の若手を対象に、月に1、2回のペースで始めることにしました。

　最初は警戒心がありましたが、次第に活発な意見も出るようになりました。社員のやる気に火をつけ、職場の活性化にも大いに寄与したことは間違いありません。本書の中でも触れておりますが、これを「ワイガヤ会」と称し、自由参加でメンバーはランダムに8名前後という形で、社長時代に200回以上は開催したと思います。これはいろいろな意味で大きなパワーの源泉となりました。そして、皆の意見を聞いて意識レベルを把握しながら、課題解決に向け社員の心が1つになるように常に意

識し、改革を進めました。社員の達成感、これが、企業活性化を長続きさせる秘訣です。

　2つ目は、経営の基本方針をガラリと変えたことです。それは、売上至上主義から単月黒字の実現に向けて知恵を絞るということへの大転換でした。商社といえども、単月の赤字も許されないとの意識付けを徹底しました。以来、リーマンショックの2ヵ月を除き18年以上もの間、単月黒字が続いています。少くとも社長就任直前の2年間は黒字月がリベートの計上される中間期末月と年度末月の年2回というのがたけびしの半ば常識となりつつあったことを考えると、これは画期的なことだと思います。

　とはいえ、決して常に順風満帆だったわけではありません。社長就任以来、今日まで幾多の苦難がありました。しかし、この間言い続けてきたことは、「いついかなるときも環境や周りのせいにせず、その都度知恵を絞り、何としてでも乗り切るんだ、決して諦めるな」ということでした。今は、その積み重ねの結果でもあります。

　お陰様で、社長就任時とは隔世の感ある会社に成長できました。お取引先様、株主様、社員、すべての皆様に感謝しています。

　ちなみに、ワイガヤ会は会長時代以降も続いており、現在はワクワク会と称して社員の要請に応じて開催していますが、その意味するところは今も大きいと感じています。

　最近よく言われる働き方改革も、そうした日々起きている小さな課題を1つひとつ解決していくことこそが、改革の本質ではないかと思います。「自分達の会社を『働き甲斐のある会社』にしよう」、これが社長就任以来の私の願いでもありました。

　本書のサブタイトルも、こうした私の思いと経験から生まれた言葉です。一言でいえば、何より人の心、気持ちが大事だということでご理解

いただければ幸いです。

　経営は生き物であり、全く同じ事象というのはありません。すなわち、そのまま参考にできる同じ事例というのはこの世の中にはないということです。それだけに、基本となる考え方をしっかり身につけ本質を見失わないこと、これが重要なポイントとなります。

　それができれば、あらゆる事態にも的確に対応できるようになります。本書がその一助となり読者の皆様にとって１つでも２つでも新たな挑戦へのきっかけとなれば幸甚に思います。

　最後に、本書の執筆は、共著者である当社社外取締役山田善紀氏が当社のこれまでの推移に注目し、過去・現在に至る私の各種発言記録を取り纏められたことに始まります。それがなければ本書の出版は実現しなかったということを申し添えたいと思います。

　また、本書完成に重要な役割を果たしてくれた当社執行役員田村裕明氏には心から感謝の意を表します。

2021 年 5 月

株式会社たけびし　取締役相談役

岩田　武久

実現する経営ビジョン・経営計画 Q&A　目次

実現する経営ビジョン・経営計画Q&A

―熱気と一体感のある組織が
企業を成長させる―

序　章

企業を成長させる
極意とは?

刻々と変化する経営環境の中で企業が競争に勝ち残っていくにあたり、経営者の悩みは尽きることはありません。例えば、経営者の思いが社員に浸透しない、社員の思いが経営者に伝わらない、変化への対応が後手に回る、せっかく策定した経営戦略や経営計画が絵に描いた餅になってしまう等々、次々と現れる経営課題の対処に苦しんでいる経営者は少なくないのではないでしょうか。

　現実の経営現場で、一般的な経営理論だけでは解決できないさまざまな経営課題に対し、実務レベルで対応できる答えを出し、行動することが求められます。例えば、

- 経営環境変化の本質を見極めるためには、どうしたらよいのか。
- 常に未来志向で新しいことに挑戦し続けるにはどうしたらよいのか。
- どうすれば、ビジョンは実現できるのか。
- 組織全員が絶対にやり切るという強い意志を持ち、「自ら考え」「自ら行動し」「結果に責任を持つ」という方向へ意識改革をするためにはどうすればよいのか。
- 経営者は、社員たちとどのようにコミュニケーションをとればよいのか。

　このような、経営計画の策定から計画遂行に至るあらゆる経営場面における数々の疑問に対して、実践的な解説が求められているのではないかと思います。

　そこで、第1章～第6章では、時代の流れを先取りし、ビジョンを掲げ、ぎりぎり実現可能な経営計画を策定し、熱気と一体感のある組織をつくり上げ、成果を出し、成長し続けるためには何が必要かといういろいろな経営場面での疑問点について、次の3つの要件のもとに整理した質問ごとに、解説します。

第1要件　先見性のある経営ビジョン

　企業経営においてまず重要なのは「先見性のある経営ビジョン」です。第1章「経営環境変化の本質と自らの道の見極め」では、どのように変化の本質を捉え、どのように意思決定すればよいのかを考えます。第2章「先見性のある経営ビジョンの明確化」では、どのような経営ビジョンを掲げれば、組織全員でその実現を目指すことができ、高い成果を出し続けることができるのかについて考えます。

第2要件　付加価値の創造への強い意欲

　企業が存続・成長し続けるうえでは、常に「付加価値の創造への強い意欲」が求められます。第3章「顧客の期待を超える付加価値の創造への強い意欲」では、どうすれば常に変化する顧客ニーズを知り、自社の強みを活かした高い付加価値を創造できるのかについて考えます。第4章「高い成果目標とその達成方法および組織全員の役割」では、どのように目標設定し、役割の明確化を図れば、中長期的な企業価値の向上へと導く真の経営計画を策定できるのかについて考えます。

第3要件　フィードフォワード・コントロール

　企業が経営計画を実現し、目標を達成するためには、フィードフォワード・コントロールが欠かせません。第5章「『どうすればできるか』、未来志向で考える」では、どのようにすれば、次々に直面する経営課題を乗り越え高い成果を実現できるか、フィードフォワード・コントロールの実践方法について考えます。そして、第6章「危機感と挑戦する喜びを共感するコミュニケーション」では、どのようなコミュニケーションをすれば、人材を育成し続け、企業を成長させる熱気と一体感のある組織をつくり上げることができるのかについて考えます。

〈企業を成長させる熱気と一体感のある組織づくりの3要件〉

第1要件 先見性のある 経営ビジョン	第1章　経営環境変化の本質と自らの道の見極め
	第2章　先見性のある経営ビジョンの明確化
第2要件 付加価値の 創造への強い意欲	第3章　顧客の期待を超える付加価値の創造への強い意欲
	第4章　高い成果目標とその達成方法および組織全員の役割
第3要件 フィードフォワード・ コントロール	第5章　「どうすればできるか」、未来志向で考える
	第6章　危機感と挑戦する喜びを共感するコミュニケーション

　ワーク編では、経営環境変化の本質を知り、自らが進むべき道を見極め、先見性のある経営ビジョンを掲げ、顧客の期待を超えた付加価値を創造する経営計画を策定・推進するためのワークシートの記入方法について解説します。

〈本書における経営ビジョンとは〉

　本書における経営ビジョンには、①会社あるいは部門が"将来こうありたい"という姿を表す将来ビジョンと、②①のビジョンにつなげる3〜5年先のあるべき姿を数値等で具体的に表した中期ビジョンの2つがあり、総称して経営ビジョンと呼んでいます。世の中では他にも5〜10年先を表す長期ビジョン等もありますが、その呼び方や設定の仕方は、企業によってそれぞれ異なります。

〈本書における用語の定義〉

　本書において、経営者、リーダーは、下記の定義で説明しています。
- 経営者：社長、トップマネジメントなど、組織全員の方向性を指し示す役割を担うエグゼクティブ
- リーダー：各階層のリーダー、部長、課長など、それぞれの組織を導いていく役割を担っているリーダー

第 | 章

経営環境変化の本質と
自らの道とは?

〈企業を成長させる熱気と一体感のある組織づくりの3要件〉

第1要件 先見性のある 経営ビジョン	第1章　経営環境変化の本質と自らの道の見極め
	第2章　先見性のある経営ビジョンの明確化
第2要件 付加価値の 創造への強い意欲	第3章　顧客の期待を超える付加価値の創造への強い意欲
	第4章　高い成果目標とその達成方法および組織全員の役割
第3要件 フィードフォワード・ コントロール	第5章　「どうすればできるか」、未来志向で考える
	第6章　危機感と挑戦する喜びを共感するコミュニケーション

企業の平均寿命は約30年といわれますが、起業間もなく倒産してしまう企業もあれば、100年以上存続している企業もあります。長期的に企業を存続させていくためには、将来の変化を予測し、今、何をすべきかを考え、行動することが不可欠です。すなわち、企業経営において、半年先や1年先という短期的な未来は当然のこと、5年後、10年後どうなるのか、どのように変化するのかを考え、今、何をどうするべきかを経営判断し、実行していく必要があります。

　新型コロナウイルス感染症1つとっても、経営のあり方は急速に変化しつつあります。現状最適の施策だけではなく、いかにして未来を捉え、未来最適の施策は何かを考え、実行することに迫られた企業は少なくないのではないでしょうか。

　論語には「子曰く、人、遠き慮りなければ、必ず近き憂いあり」[1]という言葉があり、遠き（将来）を考え対策を考えなければ、必ず問題が発生するといわれていますが、現実の企業経営においては、どのように対処すればよいのでしょうか。

　第1章では、企業が存続・成長するために、将来の変化をどのような見方をして、どのように予測し、意思決定すればよいのかを考えます。

🔑KEYWORD

● 変化の本質
● 気持ちの問題
● 自ら進むべき道を見極める

---

1 「子曰、人無遠慮、必有近憂（論語 衛霊公 第十五）」（久米訳 ［1996］224頁）。

常に変化に備えていないと
本当に企業は存続できないのか？

ココが
重要 変化の本質を知る。

. . . .

　AI（Artificial Intelligence：人工知能）、ロボット、ICT（Information and Communication Technology：情報通信技術）、IoT（Internet of Things）等の技術革新、市場や顧客ニーズの変化、熾烈さを増すグローバルな市場競争、米中貿易摩擦等の国際動向、バブル経済やリーマンショック等の急激な景気変動、巨大地震や超大型台風等の自然災害、新型コロナウイルス感染症等のパンデミック[2]に伴う都市封鎖など、常に激変する経済社会環境の中で企業は勝ち抜いていかなければいけません。時代の変化に対応できず、瀕死の状況に追い込まれてから危機感を持っても、もはや手遅れということも少なくありません。お客様に喜んでいただくことで企業を存続・成長させ、従業員の生活を守る責任を負っている経営者の中には、激変する経営環境にいかに対応していくのかを思い悩んでいる方も少なくないのではないかと思います。

　企業が激変する今の時代を勝ち残っていくためには、「将来の変化への真の対応」が不可欠です。少なくとも既成概念や思い込みにとらわれた考え方では、これからの時代を生き残ることはできません。ビジネスが順調に推移し、良い状態が継続している状況であっても、経営者は常に危機感を持ち、組織全員が客先や業界の動向を常に注視し、些細な変化やそのシグナルを見落とさないことが求められます。

---

2 パンデミック（pandemic）とは、強い感染力や高い致死率の感染症や伝染病が世界的に流行し、非常に多数の感染者が発生する流行を意味します。

「環境変化に適応できたものが、自然淘汰による生存競争に打ち勝ち、子孫を残すことができた」というチャールズ・ダーウィンの自然界法則を解明した進化論的な考え方も、企業経営における重要なヒントになります[3]。環境変化への適合の必要性は、生物だけではなく、国家であれ、会社であれ、全く同じです。激変する今の時代において会社が勝ち残っていくためには、変化に柔軟に対応できる企業である必要があります。自己変革を忘れた者に未来はありません。

　例えば、技術商社である当社においては、仕入先である多くのパートナー企業と代理店契約や特約店契約等を締結し、日々、その販売推進に取り組んでいます。しかし、製品力が強く、市場シェアの高いパートナー企業の主力製品を販売している場合には、商社の営業努力とは無関係に営業成績を上げられることもあり、目先の数値に安心して商社としての付加価値向上への努力を怠りがちになることもあります。しかし、市場開拓が大成功し当社の主力商材に成長した後に、パートナー企業が代理店販売から得意先への直販に切り替えてしまったり、パートナー企業の再編等により商流切り替えがおこったりということも少なくありません。仕入先であるパートナー企業にとっても、得意先にとっても、商社としての存在価値がなくなれば、いつ商流変更が起こっても不思議ではありません。

　こうした突然の商流変更などの事態が起こるリスクを最小限にするためにも、日頃から顧客ニーズの変化を素早くキャッチし、パートナー企業の付加価値向上につながる情報提供等を通じて信頼関係を深めたり、顧客の期待に応える新商材を探したりという準備を積み重ねておくことがとても重要になってきます。

---

3 進化論には、自然淘汰により環境に適合したものが生き残る適者生存的な考え方と、突然変異のような非連続的な変異をしたものが生き残るという考え方があります。

　また、今日現在は企業価値の向上に大きく貢献している主力事業も、いつまでも成長が保証されているわけではありません。断トツのシェアを誇っていても、油断をすればあっという間に首位陥落という事例は、世の中に数多くあります。そうならないためにも、現状に甘んずることなく常に上を目指し、創意工夫する努力と、思い・執念を持ち続けることが大変重要だということを忘れてはなりません。すなわち、激変する経営環境の中で生まれてくる顧客ニーズに応えた新しい価値を、先手を打って創造し、顧客に提供し続けることが求められるのです。

　良い状態がある程度継続した後に、大きなリスクに直面するということがよくあります。なぜなら、良い状態がしばらく続くと、かつての苦しい時代、もがき苦しみ知恵を出し合った時代のことを忘れ、いつの間にか現状に満足し、新しいことをやらなくても事業は安泰である、存続していけると勘違いし、あぐらをかき、油断してしまうという「気持ちの問題」が起こりがちになるからです。

　成長なくして企業の存続はありえません。現状維持では、何かあったとき、ストンと売上が落ち、企業は成長どころか存続すら危うくなってしまいます。それを何でカバーするかを常に考え準備しておかなければならないのです。ある朝起きたら、自分たちのお客様がいなくなっていたことに気づき、企業存続の危機だと慌てふためいても、そのときではもう遅いのです。

　例えば、今、ビジネスが順調に推移し、Aビルの屋上にいたとします。もし、これ以上高いビルの屋上はないとその屋上の高さに安住していたら、周りにはどんどん高いビルが建っていき、気がつけば、自分たちは一番低いビルにいるということになるかもしれません。

　Aビルより高くて新しいBビルの屋上でビジネスが展開されたときには、Aビルの屋上でのビジネスそのものが消滅し、事業が存続できなく

なってしまうのです。現状に満足し、目標を達成したと思い込み、「これで十分だ」「これ以上は無理だ」と思った途端に進歩・成長は止まり、実質的には後退が始まっているのです。

　特に、業界トップに立っている事業は、これ以上はないビルの屋上にたどり着いたと思い込みやすく、周りを見渡しても自分たちより高いビルはないことにあぐらをかいてしまうリスクが高くなります。しかし、日々変化し高度化する顧客ニーズに応えていくためには、日々進化する新技術を駆使して新しい価値を創造していくしかありません。Aビルの屋上にいたとしても、自分たちのいるところが屋上だと思って満足せず、さらなる屋上を目指し、あるいは、新しい階段をつくり、上へ登っていく気概を常に持って前進することが必要だということです。

　良い状態が続いているときや、経営が安定しているときだからこそできることがたくさんあります。日常の業務も、今までがこうだったからといって、何の疑問も感じず同じことを繰り返しているようでは駄目です。チャンスはどこにでも落ちていますが、日頃からああいうことをやってみたい、こういうことは考えられないか、もっと他に良い方法はないかといったことを考え続けていなければ、チャンスに巡り合っても見過ごしてしまいます。

　例えば、パートナー企業の代理店販売から直販への商流変更等は突発的に発生したようにみえますが、実は変更に至るまでの過程においてさまざまな兆候があります。その兆候をつかんだときにどのように対処しておくかが、その後の経営に大きな影響を及ぼすのです。

　「雁の乱れに伏兵を知る」という故事があります。武将の源義家が、飛んでいる雁の列が乱れるのを見て、その下の沼地に敵兵が隠れていることに気づいたという話ですが、雁の群れの列に生じた乱れという些細な現象を、ただ表面的に観察するだけでなく、その裏に潜む意味、原

因、本質をつかむことの重要性を示しています。

■ 雁の群れの列の乱れの裏に潜む本質

変化に柔軟に対応するためには、ただアンテナを張っているだけでは駄目だということです。単に周りの様子や顔色をうかがっているだけでは、本質を見抜くことができません。生きた情報として活かすためには、それに関連する仕組みや背景を十分理解しておく必要があります。新しい発想でイノベーションを起こすためには、周りや客先のちょっとした状況変化をいち早く敏感に察知し、その変化から本質をつかんで即座に手を打つということが極めて重要であり、勝負の分かれ道となります。日々の活動の中で、変化に敏感になっているか？　本質をつかむための仕組みや背景を知る努力をしているか？　ということを、各人の意識から組織・体制に至るまで、常に点検し、「変化への真の対応」を目指す必要があります。

■ 変化の本質と因果関係

リーダーは、自らが変わらなければ組織は衰退してしまうという認識に立ち、常に「先憂後楽⁴」の意識を持ち、現状のレベルに満足をせず、

小さな変化も見落とさず、昨日より今日、今日より明日というように進化させていく企業風土を、組織全員に浸透させていかなければなりません。リーダーに求められる強い思いとは、「次には何かがある、その次にも何かがある」というふうに考えてはじめて生じてくるものだと思います。小さな改善の積み重ねも大きな変革につながります。常に新しい発想をつけ加え、環境変化に対応した新しい付加価値の創造に挑戦し続けていくことが大切です。

　そして、これからはさらに一歩進んで「変化への対応」にとどまらず、「変化を創造」するというくらいの気概が必要になってくると思います。

4　「先天下之憂而憂、後天下之樂而樂（范仲淹「岳陽楼記」）」（朱熹［1976］160頁）。「天下の憂いに先だちて憂い、天下の楽しみに後れて楽しむ」。

Q 02

どうすれば、変化の本質と自らの道を見極めることができるのか？

ココが
重要 👉 「悟道(ごどう)」の精神で、自分が進むべき道を見極める。

　将来の変化を予測し、一生懸命努力しても、なかなか成果が出ない企業は少なくありません。

　どの会社も、日々一生懸命仕事に励んでいると思いますが、一生懸命であるがゆえに、大きな視点から物事を見ることを忘れてしまいがちです。そのため、一度自らをよく振り返ってみることが不可欠です。どんなに努力しても、それが本来進むべき道でなければ、どんどん袋小路に入っていくだけで、何の成果も得られません。

　目標を達成するためにまず取り組むべきことは、自らを振り返り自らを知るということです。そして、自分たちの進むべき道を確認することです。孫子の兵法に、「彼を知り己を知れば、百戦して殆(あやう)からず」[5]という有名な言葉があります。すなわち、彼（敵・競争相手）のことはもちろんのこと、自分のことも本当に知って（わかって）いるかということを、よく考えてみる必要があります。

　これがわかっていれば、会社も個人もやるべき正しいテーマアップはすぐできるはずです。しかし、彼（敵・競争相手）のことも自分のことも、正しく知るということはとても難しいことです。それができないからこそ、悩み、考え、答えを出すというプロセスを繰り返し、それが、会社や個人を成長させてくれるのです。

5　「知彼知己、百戦不殆（孫子 第三 謀攻篇）」（守屋他［1999］67頁）。

■ 変化の本質を知り、
　自分が進むべき道を見極める

悟道の精神
（自らの道を
見極める）

変化の本質
を知る

　私がたけびしの社長に就任した当時は、2期連続で赤字が続いていました。どんな理由があろうとも、赤字が継続すれば企業は成り立ちません。黒字回復が急務であり、私は「悟道」という言葉を選び、指針としました。「悟道」とは禅の言葉で、「自分が進むべき道を見極める」という意味だと、私なりに解釈しています。

　本道を外れ、枝葉末節に懸命になっているという現象は誰にでもどこにでもありえます。小さな道、細々とした枝葉の道を大道のつもりで一生懸命歩いているようではいけません。肝心なことを忘れ、細かなことばかりに気をとられ、無駄なエネルギーを費やしていてはいけません。自分自身にとっての本来進むべき道を勘違いして、果たすべき役割を間違ってはいけないのです。そのようなときに必要なことは、自己チェックであり、自分が今どこにいるかを知ることです。本来、経営計画は、自分たちの進むべき道、果たすべき役割を具体化するためのものであり、会社あるいは各人が今どのような状況、立場にあるのか、右へ行くべきか左へ行くべきか、あるいは立ち止まるべきなのかということを計画の策定を通してしっかり見極めることが一番重要なのです。

　マラソンであれば、42.195キロメートルを走り切る力量と、走り切る決意が必要です。決意だけで肝心の走り切る力がなければ、いくらコース表を見て作戦を練ったとしても、成果には結びつかないといえるでしょう。計画の立案にあたっては、まず会社として、個人として、今自らに必要なことは何か、大切なことは何か、すなわち、どの道が今自らの進むべき道なのかをしっかりと見極めなければなりません。そして方

向を見定めたら、堂々と自信を持って歩み続けること、それをできるようにすることが重要です。

例えば、どの事業、どの製品を伸ばすのか、あるいはやめるのかという判断をスピーディに実行していくことが問われている状況において、過去のしがらみに縛られ、市場ニーズから外れている事業をまだ継続しようとするのは、本道から外れた判断ということになります。

また、目先の利益にこだわりすぎると、中長期の利益を犠牲にしてしまうこともあります。例えば、顧客ニーズの変化や技術革新により、既存事業の将来需要の激減に伴う企業の存続・成長の危機を予測しながらも、新しい主力事業になりうる新規事業の育成や新規需要の開拓を怠り、既存事業での目先の利益を得ようとすれば、中長期的な企業価値を損なうことになります。

しかし、将来の成長のための新規事業の育成や新規需要の開拓を行うには、軌道に乗るまで赤字は覚悟して挑戦する必要があり、既存ビジネスとのバランス、財務体力等を勘案して進めなければなりません。ビジョンのために、資金繰り等の深刻な問題を生じさせ、企業の存続の危機を招いてしまっては元も子もありません。

また、将来の変化を予測したつもりが、その背景にある変化の本質を見誤り、会社の進むべき方向性等の経営判断を誤ったときは、経営状況をさらに悪化させることになりますが、これは何としても避けなければいけません（第 4 章 Q8 参照）。

そんなときは、「悟道」の精神で、一度すべてをご破算にして無に戻り、自分の道を見定めることです。そうすれば本道が見え、チャンスにも巡り合える。そして、そのチャンスを活かしたときにはじめて道がパッと開けてくるものです。進むべき道を見失わないようしっかりと見極め、そのうえで、堂々と自信を持って歩み続けることができるように

することが重要です。

　これは、会社も個人も同じです。

第2章

先見性のある経営ビジョンとは?

〈企業を成長させる熱気と一体感のある組織づくりの3要件〉

第1要件 先見性のある 経営ビジョン	第1章　経営環境変化の本質と自らの道の見極め
	第2章　先見性のある経営ビジョンの明確化
第2要件 付加価値の 創造への強い意欲	第3章　顧客の期待を超える付加価値の創造への強い意欲
	第4章　高い成果目標とその達成方法および組織全員の役割
第3要件 フィードフォワード・ コントロール	第5章　「どうすればできるか」、未来志向で考える
	第6章　危機感と挑戦する喜びを共感するコミュニケーション

明確な目標がなく、個人の努力が成果につながらない組織、あるいはビジョンや経営計画を掲げていても「笛吹けども踊らず」で、組織全員がバラバラで絵に描いた餅になってしまっている企業も少なくありません。

　近い将来において、例えば、巨大地震等の大規模災害やパンデミックの発生がもし予測できているとすれば、そのときに備えて、さまざまな準備をすることができます。しかし、その予測を信じることができなければ誰も準備をしません。企業における予測とは、予測精度の高さだけでなく、皆が納得できる予測でなければなりません。そして、その準備をするという意思決定を明確に示すことです。そこがスタートです。

　経営者は、変化する経営環境において、あるべき企業の姿が何かという未来志向の経営ビジョンを掲げ、どのような付加価値を創造し、どのような顧客にどのような形で貢献するのかという目標を組織全員で共有し、成果目標の実現に向けて力を結集することが求められます。

　第2章では、どのような経営ビジョンを掲げれば、今すべきことを、熱気と一体感のある組織で実行し、高い成果を出し続けることができるのかについて考えます。

🔑 KEYWORD
- 先見性
- ビジョン
- 必ず実現するという強い思い
- それぞれの特性を活かした自分の本当の役割
- 繰り返し意見交換を行う

Q03 どうすれば、経営ビジョンを掲げ、成果に結びつけることができるのか？

ココが 重要👉 リーダーが経営ビジョンを必ず実現するという強い思いと執念を持つ。

....

　将来の変化を予測し実行に移そうとしても、なかなか成果につながる行動に結びつかず、悩んでいる経営者が少なくないのではないでしょうか。

　先手を打った者が多くの成果を得るため、後手に回った企業に残された成果は多くありません。確かに、先手を打って攻めの姿勢を貫けば、失敗することも多いかもしれません。しかし、何もしないでいるよりは得るものも多いはずです。「先んずれば即ち人を制し、後るれば則ち人の制する所となる」[1]という有名な言葉もありますが、成果を出すためには、先手を打つことを常に意識しておく必要があります。そして、経営者が、そのときの経営環境・会社の規模・業績・状況に合ったビジョンや計画を示し、その組織に合った施策を展開し、社員が一丸となってやっていける環境をつくることは、先手を打つための大切な仕事です。

　社長就任時、私は「京都発最強の技術商社」というビジョンを掲げ、「脱・三菱電機」ではなく、「脱・三菱電機依存体質」を目指す必要があると何度も何度も社員たちに語りかけしました。すなわち、三菱電機に頼り切っているだけではいけない。自主自立の精神を持つことが重要である。技術商社であれば、お客様のニーズに応えるために、選択と集中

1　「吾聞先即制人、後則為人所制（項羽本紀）」（司馬遷［1988］22 頁）。

で製品群を絞ってきている三菱電機に製品がなければ他のメーカーから探し出し、どこにもなければ自分たちで新しくつくり出し、付加価値をつけて提供することが必要である。例えば、売上高500億円のうち8割が三菱電機の製品というより、売上高1,000億円のうち5割が三菱電機の製品の方が、顧客にとっても、三菱電機にとっても、当社にとっても、良い結果が出せる。そういったことです。顧客に対する付加価値の向上、それが当社の将来を決めるのだという意識変革を社員全員に浸透させたことが、その後の大きな成果につながったのだと思います。

　例えば、今から100年、200年昔の人たちは、大河を見たときに向こう岸へ自由に行き来したいものだと思ったことでしょう。しかし、それは夢であり、願望です。その橋を架ける術を知らなければ、夢はいつまでたっても夢のままです。その橋を架ける具体的な手順と施策を持ってはじめて、向こう岸へと行き来したいという夢は「ビジョン」となるのです。すなわち、ビジョンには必ずそれを実現するという強い思いに加え、そこに至る具体的な施策が不可欠です。

　大河を見たときに、リーダーが橋を架けようという情熱と決意を持ち、人々のやる気を引き出し、橋の完成予想図と橋を架ける具体的な手順とそれぞれの人の役割を示し、全員が一丸となって橋の建設を行うことで、向こう岸へ自由に行き来するという目的に到達することが可能になるのです。

　しかし、人々が「もっと自由に行き来できるようになりたい」という夢をかなえるためには、橋を1つ架けてこれで十分ということにはならないはずです。もっと自由に行き来できる社会の実現に向けて、新しい橋を架けたり、新しい移動手段を開発したりという挑戦につながっていくのではないでしょうか。

　AI、ロボット、IoT等、世の中の流れははっきりしていて、誰しもが

■ 目的とビジョンと具体的な施策

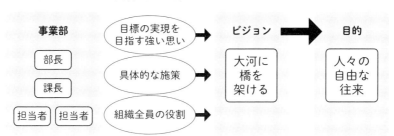

世の中の流れの変化に気づき、何かしないといけないとわかっているのではないかと思います。問題は、この世の中の流れを先取りするという意識、あるいは、最低限時代の流れに乗り遅れないという意識を、現実の経営戦略に取り込み、いかに事業化、ビジネス化できるかということです。ビジネス化できなければ、気がついていないのと同じと考えるべきです。経営環境の変化を先取りした付加価値を創造し、事業化、ビジネス化することは簡単なことではありませんが、世の中の流れに乗った新たなビジネスを、いつまでに、どれくらいにしていくのかという明確な意思を持ち、年度計画の具体的な数値や施策等に落とし込むことが必要なのです。

　先行き不透明な経営環境の中でビジネス化の成功のカギを握るのは、「何事にも先手を打つ」ということです。いかなる経営環境においても、先手を打つために、会社がやるべきこと、改善すべきこと、レベルアップを図るべきことなどはたくさんあり、テーマを掲げ、組織全員でどんどんチャレンジし、成果に結びつけていく必要があります[2]。

2　ここでいう「やるべきこと」には、「やるべきことを実行し、成果に結びつけること」だけでなく、「やめるべきことをやめて、成果に結びつけること」も含めています。

Q04

どうすれば、組織全員がビジョンを共有し、熱気と一体感のある組織とすることができるのか？

ココが 重要 👈 リーダーが、強い思いと執念を持ち、あらゆる場面を活用して、繰り返し意見交換を行う。

　組織の壁が高い等の理由により、経営環境の変化に対応する行動ができていない、あるいは、役員や社員間の風通しが悪い等が課題となっている企業は少なくありません。

　同じようなビジネスを手掛けている企業間に大きな業績の差が生じるのは、社員のポテンシャルがどの程度かということだけでなく、社員1人ひとりの目の輝き、勢いで左右されるところが大きいといえます。すなわち、社員1人ひとりの目が輝いているかいないか、組織に勢いがあるのかないのかで、成果が出るかどうかが決まります。全員が火の玉のごとく一丸となって進んでいける集団をつくり上げ、その熱気と盛り上がりを持続させ、発展させ、社員の潜在力を引き出すことが大切です。

　私がたけびしの社長に就任し、2期連続で連結最終赤字だった「たけびし」を燃える集団に変革し、「悟道」の精神で、どこにもない「たけびし流」を社員とともに編み出し、独自性の高い仕組みとビジネススタイルを持つ会社にしたいという強い思いと執念を持ち、ビジョンを掲げ推進してきました。そして、年度計画の審議会、経営会議、ワイガヤ会など、普段から、公式な場面、非公式な場面で、繰り返し、繰り返し、なぜ、新たな挑戦をする必要があるのか、その思いや考えを伝えまし

た。こだわりを持って回数を重ねて言い続け、半年くらい経過した頃から、会社の雰囲気や社員たちの目の輝きが少しずつ変わっていく手ごたえを感じました。この社員たちの目の輝きの変化により、具体的な戦略・戦術・施策が成果に結びつき、業績の回復と成長に大いに貢献したのだと思います。

　このように、ビジョンは、リーダーの心の持ちようが非常に大切であり、それを掲げるリーダーに何が何でもやるという強い意志と執念がなければなりません。リーダーが、ビジョンへの熱い思いを持ち、強い危機感を持っていなければ、組織全員に浸透するはずがありません。リーダーにやる気がなければ、実現できるはずはありません。ビジョンとは、経営計画策定時に年1度だけ説明するとか、その場の思いつきで話をするというものではありません。リーダーが、本気で強い意志を持っているからこそ、組織全員に「その気になってもらいたい」と思っているからこそ、いついかなるときも機会があれば繰り返し、繰り返し話をすることができ、それを積み重ねることで、社員たちの目を輝かせることができるのだと思います。

■ 経営ビジョンと強い思い

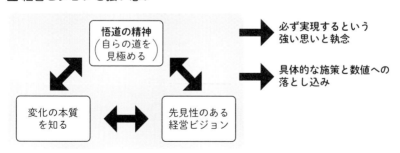

そして、ビジョンや経営計画を実現し、成果を出すためには、組織全員が、誰かから言われたのでやる、言われなければこのままでいいだろうという「待ちの姿勢」から、1人ひとりが「自ら考え」「自ら行動し」「結果に責任を持つ」という体質へと変化することが必要なのです。

大切なことは、たとえ予測の難しい世界であったとしても、「自分たちはこうする」「こうなる」という強いイメージを持つことです。例えば、子どものスポーツの世界でも、優勝する子は初めから「優勝する」と宣言します。結果において「あわよくば優勝しよう」と思っている子の優勝する可能性は極めて低いのです。組織全員の意思で、自ら目標を掲げ、自ら改革を提言し、自ら実行するということが重要です。

そのためには、高い目標を掲げ、上を目指す喜びを感じてもらう仕掛けをつくり、社員を鼓舞し、社員の潜在力を引き出すことが重要になります。常に志を高く持ち、自分たちの目指すべき到達点はもっと高いところにあるのだという強い自負と誇りを持って、目標の実現を目指す必要があるのです。

中長期的な企業価値を向上させ、企業の持続的な成長を実現するためには、戦略・戦術の重要性に加え、組織全員がビジョンを共有し、どんどん新しいことに挑戦し、成果に結びつけていく熱気と一体感のある組織をつくり上げることです。組織全員がビジョナリー・カンパニー[3]を目指し、「何が何でも実現する」「執念を持ってやり切る」という強い思い・熱気・盛り上がりが、日々の業務の中に必要だということです。このような積み重ねにより、ビジョンは現実になるのです。

---

3 ビジョナリー・カンパニー（visionary company）とは、将来を見通す洞察力・展望・先見の明を持ち、ビジョンに向けて価値観が異なる個人がそれぞれ強い思いを持ち、一丸となって実現していくことができる企業のことです。

どうすれば、組織全員で
変化に対する準備ができるのか？

リーダーがビジョンを示し、組織全員がそれぞれの特性を活
かした自分の役割を正しく理解するための気づきを与え、導
いていく。

　経営者や一部の社員が将来の変化を予測できていても、誰も動かず、
変化に対する準備が進まない企業は少なくありません。

　経営者は変化に対する危機感をよく口にしますが、些細な変化を組織
全員の行動に結びつけ、チャンスに変えていくことに苦労している企業
は多いのではないかと思います。

　組織全員が常に危機感を持つことは大切ですが、現実の経営におい
て、社員が「もっとやってやろう、もっとやりたい、よしやるぞ」との
思いで行動し成長していくのは、必ずしも危機感からだけではありませ
ん。

　人は、上を目指す喜び、新しいことに挑戦できる喜びを感じること
で、エネルギーが出てくるものです。新しい顧客満足の創造に挑戦でき
る喜び、幾多の課題を乗り越えていく楽しみ、今のレベル以上に上がっ
ていくことに喜びを感じることができれば、社員たちが熱気と一体感を
持って動くようになります。

　そのためには、社員それぞれが自分の役割を理解し、それぞれの特性
を活かして役割を果たすことが大切ですが、自分の役割が何か、そし
て、自分の強みが何かということには案外気づいていないものです。

　「人にはそれぞれの役割がある。役割のない人間はこの世にいない。

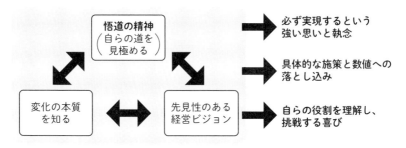

ただ自分の本当の役割は何か気づいていない人は多い。」これが非常に
重要なポイントであり、よく考える必要があります。中長期的な企業価
値の向上を目指す経営者は、人の存在価値を見出す努力を怠らず、組織
全員を活かすことを心がけなければなりません。

　また、社員がそれぞれ、自分の役割を認識しないままに駆け出してし
まえば、無駄が発生します。努力の方向性を間違えれば目的地に到達で
きないどころか、成果に結びつかない無駄なエネルギーを使うことにな
り、不平不満が溜まることになります。組織全員が自分の役割を認識
し、「自分たちの会社をもっとより良いものにしたい」との強い思いを
持ち、進むべき道を全力で駆けることができれば、効率的にエネルギー
を使い、努力を成果に結びつけることができます。そして「それは自分
たちの力でできるのだ」と思えるようになり、その思いが社員１人ひと
りの日々の行動に表れてくればくるほど、目的地に早く到達することが
できます。

　したがって、まず、経営者は、組織が熱気と一体感を持ち全社一丸と
なって戦うために、どのような目的地を目指すのか、どのような方法で
進むのかという羅針盤の役割をする経営理念、ミッション、ビジョンを
示す必要があります。

　このリーダーが掲げるべきビジョンは、アドバルーンのように、ポンと上げて終わりというものではありません。アドバルーンを上げるだけなら、誰にでもできます。多くのビジョンが夢で終わってしまうのは、それらが理想に走りすぎ、実現不可能な内容であることが多いためです。そうなると誰も実行しようとは思いません。いつしかビジョンは、ビルの屋上に上げたまま放っておかれた、古ぼけたアドバルーンのようになるのです。

　ビジョンで目指すレベルは、理想に走りすぎても駄目ですが、ちょっとした努力で達成できるレベルでも駄目です。社員たちが自分たちの役割を果たし、相当の努力をすれば実現できるというレベルの内容でなければいけません。ここが一番重要なポイントです。このポイントを見極めてレベルを示し、組織全員がそれぞれの特性を活かした役割を明確にすることができれば、皆が必死に実現を目指すようになります。

　そして、重要なことは、常日頃から経営者は組織全員にビジョンの意味を伝え、自分の役割を正しく理解できるように導いていくことです。組織全員が、現状に満足をせず夢のあるビジョナリー・カンパニーを目指していけば、まだまだ発展の余地はいくらでもあります。目標を掲げ、やればできるという自信を持って実行していけば、一段上のレベルを目指していくことができます。それが、何十年もの先まで、企業が勝ち残っていくための礎となるのです。組織全員が「自ら考え、自ら行動し、結果に責任を持つ」ようになれば、これほど強いものはありません。組織全員が自分の立場・役割をはっきりと認識して、そして各人が最大限の力を発揮する。それができれば、すべてうまくいきます。社員1人ひとりの意識の改革、その1つひとつの流れは小さくとも、まとまれば大河になり、大きな成果を生み出し、思い描いたビジョンを実現させる原動力になるのです。

もし、これをさえぎるものがあるとすれば、それは1人ひとりの心の中にあります。「これ以上は無理だ」「これで十分だ」と思った途端に、進歩は止まります。

　リーダーは、ビジョンを示し、潜在的な実力値を見極めた高い目標を掲げ、組織全員がそれぞれの強みを活かした役割を理解し、上を目指す喜びを感じることのできる仕掛けをつくって、社員を鼓舞していく必要があるのです。

第 3 章

顧客の期待を超える
付加価値創造への
強い意欲とは?

〈企業を成長させる熱気と一体感のある組織づくりの 3 要件〉

第 1 要件 先見性のある 経営ビジョン	第 1 章　経営環境変化の本質と自らの道の見極め
	第 2 章　先見性のある経営ビジョンの明確化
第 2 要件 付加価値の 創造への強い意欲	第 3 章　顧客の期待を超える付加価値の創造への強い意欲
	第 4 章　高い成果目標とその達成方法および組織全員の役割
第 3 要件 フィードフォワード・ コントロール	第 5 章　「どうすればできるか」、未来志向で考える
	第 6 章　危機感と挑戦する喜びを共感するコミュニケーション

企業は、常に先手を打ち、お客様に喜んで買ってもらえる製品・サービスを適宜提供し続けることができるかどうかが、業績の大きな差につながります。すなわち、究極的には、どのようなビジネスも、自分たちがどのような付加価値を創造し提供できるかで決まるため、付加価値の創造への強い意欲が不可欠です。

　第3章では、どうすれば常に変化する顧客ニーズを知り、自社の強みを活かし、顧客の期待を超える付加価値を創造することができるかについて考えます。

🔑KEYWORD

- 顧客ニーズを知る
- 付加価値の創造への強い意欲
- 悩み、考え、答えを出すというプロセスを繰り返す
- 具体的な施策、組織全員の役割

どうすれば、顧客の期待を超える付加価値を創造できるのか？

付加価値の創造への強い意欲を持ち、顧客ニーズに対する強い関心を持ち、顧客の声を聞き、悩み、考え、答えを出すというプロセスを繰り返す。

常に変化する顧客ニーズに素早く対応し、時代に合った付加価値を創造し成果を出すということは難しく、苦労している企業は少なくありません。

私がかつて在籍していたメーカーで小・中容量の電動機を担当していた頃、多様な製品群の出現により、電動機全盛の時代から凋落の一途を辿るという大変革の時期に遭遇したことがあります。そのとき、それを乗り越えるために、ユーザーや代理店の意見を徹底的に聞いて回りました。そして、その意見を活かし、当時は画期的ともいわれた鋼板モーターの製品化に成功しました。今では鋼板が当たり前となっているので隔世の感がありますが、鋼板モーターの製品化にあたっては、いろいろある要望の中で、当時は不可能といわれていた「表面温度を鋳物並みに抑えること」「振動をV3に抑えること」という2つの難問に応えることに全力を尽くしました。その代わり他の要求はご勘弁いただき、最終的にはこの2つの難問を何とか実現させて、ユーザーや代理店の方々にとても喜んでいただけたことが記憶に残っています。メーカーとユーザーのニーズを合致させた新製品を供給できたことで、とても大きな成果につながりました。このように、窮地を脱するためには常識を覆す発想も必要なのです。

通常、買い手である顧客にとっては、性能・品質等が同等であれば、できるだけ安く調達しようとするため、単なる「御用聞き営業」[1] では、価格競争にさらされるだけでほとんど成果を得ることが期待できません。高い成果を出すために、売り手は、顧客に提供する付加価値を高める必要があります。例えば、お客様がセットメーカー[2] の場合、お客様も気がついていない潜在的なニーズ提案、あるいはお客様の課題を解決したりできるような製品・サービスを提供することができれば、お客様の製品の販売価格アップや、製造コストの削減に貢献でき、お互いWINWIN（ウィンウィン）の関係となり、最高です。

　例えば、当社は商社である以上ボリュームは重要ですが、より重要なことは顧客のニーズに応えるために商品を右から左に流すだけでなく、あるいは新商材を紹介するだけでなく、商社として、そこに自分たちの付加価値をいかにつけるかが重要です。そして、それが顧客のさまざまな課題を解決し、また、顧客の潜在的なビジネスチャンスの創造に貢献することになるのです。

　顧客が欲しいと思う財・サービスは刻々と変化し、それを提供するための技術や方法、経済社会の情勢等もまた刻々と変化しています。日頃から、自分のお客様がどんな経営状況にあるのか、何に困り、何をわれわれに望んでいるのか、あらゆる情報を聞き逃さない、どんな小さな声も聞き漏らさないぞという気持ちを持つことが重要であり、同時に、自分の担当業務以外についても、お客様のニーズに強い関心を持つ必要があります。

　このような日頃の意識が自社の強みを自覚することになり、チャンス

---

1 「御用聞き営業」とは、得意先に定期的に訪問し、注文を聞いて回る営業の仕方をいいます。
2 セットメーカーとは、複数のサプライヤーから部品を調達し、完成品を販売するメーカーをいいます。

■ 経営ビジョンと付加価値の創造への強い意欲

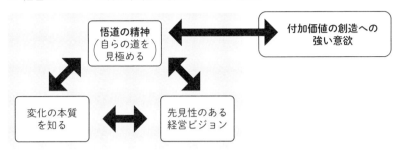

を活かすための準備を整えることになります。例えば、商社の場合、営業担当者が顧客のことを「自分のお客様である」と自信を持って言えるのであれば、その顧客に対し、自社が取り扱っている商品・サービスはもちろん、自社になければ世界中から探してきてでも提供するくらいの気概を持つべきです。そのためには、お客様のニーズを広く知る必要があります。それには、自分のお客様について普段から何事であれ深く知る努力を行うことです。例えば、会社の生い立ち・歴史、社長の経歴や趣味等々については、知っていて当たり前のことです。相手のことをよく知っていれば、会話をしていても話が広がっていき、信頼関係も深めていくことができます。その結果、お客様の困りごとや要望などの情報を入手するスピードやその内容の深さに大きな差をつけることができるはずです。それができてはじめて「自分のお客様」と言えるのだということを再認識する必要があります。そのように考えれば、ビジネスチャンスはもっともっと広がるはずです。いろいろなお客様と話をする中で、たくさんのヒントを得ることになると思いますが、そういうものを見逃すことなく、日々の仕事の中に活かすように努力していくことが重要です。

　また、世の中にある AI、ロボット、IoT 等の新技術の製品をバラバラ

にお客様に提案するだけでは、自分たちの付加価値の創造につながるとは限りません。既存商材や、足りない部分は世界中から探してきた新商材でお客様のニーズに合った組み合わせ、あるいは新しい顧客ニーズに対する総合的なソリューションを提案することが、商社だからこそできる付加価値であると思います。世の中に目指す商材が存在しなければ、総合的なソリューションを提案するために、自社オリジナル商品の開発や委託研究により新製品を創造すること[3]、あるいは既存商材を組み合わせたイノベーションを行うことも、商社ができる付加価値であると思います。自分たちの付加価値をつくり出すことでお客様の潜在ニーズを掘り起こし、新規受注につなげ、新しい付加価値、新しいビジネスモデルの創出のきっかけにすることが大切なのです。

　一般的には、基本的な兵力が相対的に大きい方が、小さい方に勝ちますが、勝敗は全体の兵力の数だけで決まるものではありません。例えば、織田信長は桶狭間の戦いにおいて、織田の軍勢よりも圧倒的に兵力で上回っていた今川義元の軍勢に勝ちました。全体の兵力は今川の方が上でも、桶狭間という少人数ずつしか人が通れない特定の地域を選択することにより、織田の軍勢の方がまさり、局地戦で戦って勝利をおさめたという良い例です。中堅企業が勝利の条件を整えるには、大企業が攻めにくい、もしくは誰も攻めたことがない新たでニッチ（隙間）な場で需要をつくり出し、その特定の市場という局地戦において優位に立つという方法が考えられます。世の中で初めて開拓する市場であれば、事業の開始時点では競争相手はゼロであり、NO.1になることができます。

　このように、自分のことを知り、ライバル企業との競争に打ち勝ち、自社の強みを活かして戦うことができるニッチな需要・カテゴリー、特

3　自社で生産を行う方法のほか、生産を他社にアウトソーシングするファブレス（fabless）という
　方法も考えられます。

定の顧客・品質・付加価値・サービス等、分野や地域を限定し、その領域における特定の市場の局地戦において優位に立てる条件は何かを探し出し、周到に準備し、NO.1を目指すことがベストです。自社の戦力とその時々の状況により、戦い方を変えることが必要なのです。

　NO.1を目指すためには、企業が常にスキルアップをし、プロの集団といわれるだけのものを常に身につけておくことが必要です[4]。仕入先やお客様の声が聞こえなくなったときは大ピンチです。商売の基本は、顧客が欲しいと思う財・サービスを提供することにあります。消費者ニーズの変化に対応できず、売り手が、今までと同じもの、売りたいものを販売し続けてしまったために、売上の減少、企業の衰退を招いたという事例は数えきれません。どこの会社も同じですが、われわれはいつも崖っ縁を歩いているようなもので、ちょっと油断をすれば奈落の底という危機感を常に忘れてはいけません。自己への過大評価や自信過剰は論外ですが、冷静に自らを評価し、それ相応の自信を持って、常に向上心を絶やさないことが非常に重要です。

　そして、それをお客様に認めてもらえるように、自信を持ってわかりやすくアピールする努力も必要です。これらができる企業は、成長し続けることができるのだと思います。お客様の声を聴き漏らさず、各自の役割や立場を正しく理解し、それぞれの役割を果たし、日々精進していくことで、「百戦して殆からず」の状態に近づいていけるのです。新しい需要を創造し、自社の強みを活かし、顧客に提供する価値を高めるために、企画段階から、販売、フォローに至るまですべてのプロセスで、組織全員が自ら考え、知恵を出し、日々試行錯誤しながら、それぞれが

---

4 プロとは何でしょうか。例えば、元プロ野球選手の王貞治氏も、「よく『人間だからミスはするもんだよ』と言う人がいますが、初めからそう思ってやる人は、必ずミスをするんです。基本的にプロというのは、ミスをしてはいけないんですよ。」と言っています。重大なミスを犯さないよう準備し続け、常に危険でない状態を保つことが重要です。

責任を持って担うべき役割を実行していくことです。

　そのためには「付加価値」を高めていくことができる企業でなければなりませんし、そのためには日々知恵を出す必要があります。そして、それを多くのお客様に知っていただかなければなりません。「誰にも真似できない新しい企業文化をつくるのだ」と、1人ひとりがしっかりと強い思いを持ってやっていく必要があります。常に危機意識を持ちながら、しかし気持ちはプラス思考で今やるべきことをやる、それを組織全員で実践できれば、会社の未来は心配ありません。

どうすれば、新規需要の開拓ができるのか？

リーダーが、具体的な行動に移すための施策・仕掛けを考え、組織全員のそれぞれの役割に気づきを与え、実践していく。

企業の存続・成長のために新規需要の開拓は非常に重要です。しかし、一般的に新規開拓は労力も時間もかかり、短期的に成果につなげるのは難しいため、新規開拓に向けた取り組みを何かしないといけないとは感じていても「ハードルが高い」、「何から手をつけてよいかわからない」といった状態に陥りがちです。その結果、日々の業務を繰り返すだけになり、新規開拓を推進するための組織的な行動に結びついていない企業は少なくありません。

社長就任時、私は、組織全員で新規開拓を推進していくために、まず新規開拓について、新たに明確な定義付けを行いました。組織全員が新規開拓における自分の役割を認識し、自分たちでできることは何かということを、考え、悩み、行動してもらうために、新規開拓の定義を広げることにしたのです。

新規開拓と聞けば、すぐに「新しいお客様」というイメージを思い浮かべてしまいがちですが、それだけではありません。例えば、何十年もお付き合いがあるお客様でも、Aという商材は買ってもらっているが、Bという商材は買ってもらっていないというケースがあります。そのお客様にBという商材を買ってもらえれば、これも新規開拓であると定義付けしました。

■ 新規開拓（その1）

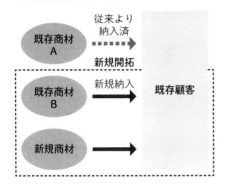

■ 新規開拓（その2）

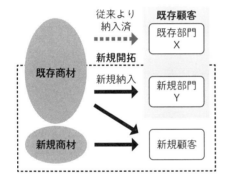

または、1つの商材でもXという部門には買ってもらっているが、隣のYという部門には買ってもらったことがないというケースも同じです。その商材をYという部門にも買ってもらえるようになれば、これも新規開拓と定義付けしたのです。このように考えると、自分たちもまだまだ新規開拓をするチャンスがあると感じられるはずです。

このように、既存のお客様からの新規開拓の余地がたくさんあるはずだということを繰り返し説明したことで、組織全員が新規開拓を身近に感じ、自分たちにもできるという気持ちを持つことで、既存顧客に対する新規受注増はもちろん、時間のかかる新規顧客開拓にもつながったと思います。

次に取り組んだのは、多方面に向けた商材の紹介です。何十年もFA[5]機器を購入しているお客様が、当社で他にどのような商材（例えば空調機器）を取り扱っているかをあまり知らないということも、当時は少なくありませんでした。そこで、お客様に当社が取り扱っているさまざ

---

5 FA（Factory Automation）とは、工場の自動化のことをいいます。

　な商材をもっと知っていただくために、当時、当社はもちろん同業他社にもなかった総合カタログの作成と、総合展示会の自社開催をすることにしました。

　FA機器を買ってくださっている既存のお客様に総合カタログを見てもらい、FA機器以外の商材について営業担当者に質問をしていただいたり、総合展示会で実際にFA機器以外のいろいろな商材を見てもらったりしました。百聞は一見に如かずで、当社の商材を広く知ってもらうきっかけになりました。

　さらに、営業担当者は、総合カタログを見た取引先から、自分の担当外の部門で取り扱っている商材に関するご質問がくるようになります。それに対応するため、担当者は自然と他部門の製品を勉強することになり、横の連携が強化でき、お客様に提供できる商材の幅の拡大や顧客満足度の向上といった総合力アップにつながります。また、総合展示会で自分の担当外の部門が展示している商材を見て関心を持ち、勉強してお客様に勧めることで新たな開拓につながるきっかけにもなります。

　メーカーにしても商社にしても、日本全国で星の数ほど展示会は開催されていますが、当社は商社としての利点を活かし、技術商社だからこそできるその時代に合った顧客ニーズに対応した総合的なソリューション提案の展示会を自社で開催し、多くの方々に一見の価値があると思ってもらえるような内容を目指し、毎年開催することにしました。

　特に、当社のような商社の場合には、時代の変化や新しいニーズに対応するために、新しい商材を世界中から探し続けることがとても重要なポイントです。従来と同じアイデアの展示の仕方や、メーカーで展示している商材をそのまま持ってきて展示する等は本来の目的から逸脱するものです。常に変化する新しい顧客ニーズに対応するため、あるいは、さまざまな課題を解決するために、新しい商材を探し求め、新しい展示

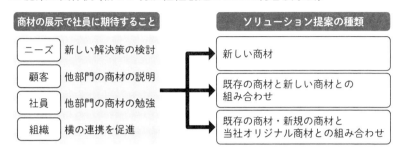

■ 施策の具体例（新しい付加価値創造のための総合展示会）

商材の展示で社員に期待すること		ソリューション提案の種類
ニーズ	新しい解決策の検討	新しい商材
顧客	他部門の商材の説明	既存の商材と新しい商材との組み合わせ
社員	他部門の商材の勉強	既存の商材・新規の商材と当社オリジナル商材との組み合わせ
組織	横の連携を促進	

の仕方を模索し工夫し続けることが重要です。したがって、毎年、創意工夫を凝らし、充実した内容の展示会を開催するためには、昨年と同じなら意味がない、開催しないというくらいの覚悟で臨むことが必要です。

　常にお客様の新しいニーズを把握し、最新の技術情報を集め、集めた情報をもとにいろいろと知恵を絞り、展示するといった挑戦を続けることは、世の中の変化に敏感で、新技術に対する感応度が高い組織であり続けるための重要な施策にもなります。さらに、総合的なソリューション提案を展示するために社内の組織間での話し合いが増えることで、他部門との横の連携を促進させ、組織の壁を壊すための施策にもなります。

　組織のトップが、新規商材を販売しようとか、他部門の製品を販売しようとか、新しいビジネスモデルを創出しようとか言っているだけで、具体的な行動に移さなければ、何もやっていないのと同じです。

　当たり前のことですが、新規需要を増やすために重要なことは、経営者と組織全員で、新規需要を増やすための施策や仕掛けを考え実践していくことです。会社によって成果が出る施策は当然異なりますが、新しい需要の創出、横展開、組織の壁を壊すなどのアイデア・やるべきこと

■ 成果目標と具体的な施策と組織全員の役割

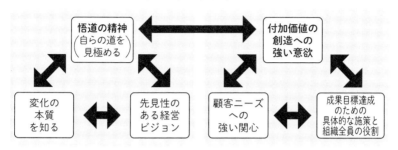

はいくらでもあると思います。それぞれの組織に合った施策を考え、仕掛けを準備し、組織全員に道筋を明示し、それぞれが役割を理解し、組織の壁を壊し、社員のやる気を鼓舞し、効果的なタイミングで、施策を1つひとつ実践していくことで、新しい需要を創出していくことができます。

第 4 章

高い成果目標と
その達成方法および
組織全員の役割とは?

〈企業を成長させる熱気と一体感のある組織づくりの 3 要件〉

第 1 要件 先見性のある 経営ビジョン	第 1 章　経営環境変化の本質と自らの道の見極め
	第 2 章　先見性のある経営ビジョンの明確化
第 2 要件 付加価値の 創造への強い意欲	第 3 章　顧客の期待を超える付加価値の創造への強い意欲
	第 4 章　高い成果目標とその達成方法および組織全員の役割
第 3 要件 フィードフォワード・ コントロール	第 5 章　「どうすればできるか」、未来志向で考える
	第 6 章　危機感と挑戦する喜びを共感するコミュニケーション

経営計画の目標値のレベル、短期と長期とのバランスなどが適切に設定できず、経営計画が成果に結びつかず、困っている企業が少なくないのではないでしょうか。また、経営環境の激変による危機が迫ってきていても、自分たちが変わることに抵抗し、新しいことに挑戦せず、衰退していく企業も少なくありません。

　企業の持続的な成長を実現する真の経営計画とは、将来の変化を見通し、組織の実力値に、新しい発想のプラス α を加えたものでなければなりません。そしてそれをいつまでに、どれくらいにしていくのかとの明確な意思を持ち、現実の数値計画に落とし込む必要があります。そして、目標を実現させる方法、行動、役割を具体的にイメージできるものが経営計画ということになります。

　第4章では、自分たちの実力値を見極め、努力の限界に近い目標値を設定し、その達成方法と組織全員の役割を明確にすることにより、中長期的な企業価値の向上へと導く実現可能性の高い真の経営計画について考えます。

🔑KEYWORD
- 自分たちの実力値の見極め
- 実現可能な高い目標設定
- 成果の達成方法
- 組織全員への施策の浸透
- 担当者が自ら目標設定したと思える環境づくり

Q 08
ビジョンや経営目標を誤った場合には、どうすればよいか？

ココが 重要 ▶ 環境の変化や間違いに気がついたら、面目を保つことに固執せず、素早く正しく修正することで、個人も組織も成長する。

....

　正しいビジョンや経営目標が設定され、組織全員が一丸となって戦えば大きな成果を得ることになるとは思いますが、経営者が、常に正しいビジョンや経営目標を設定できるとは限りません。リーダーが間違ったビジョンや経営目標を設定してしまい、それに向かって組織全員が進んでしまうと、それが致命傷となって企業が存亡の危機にさらされることが、歴史上数多く見られます。

　したがって、現実の企業経営においてはどのようにして正しいビジョンや経営目標を設定するのかだけでなく、ビジョンや経営目標の誤りに気がついたとき、または、経営環境が大きく変化したときに、どう対処するかということがとても重要です。

　当たり前のことですが、間違いに気がついたら素早く正しく修正すればよいのです。「弘法も筆の誤り」と言いますが、人間、誰でも間違うことがあります。間違えたときに大切なことは、素早く気づき、素早く修正することです。リーダーは、豹変しなければならないのです。「君子豹変す」[1] という言葉があります。一般的に「豹変」は悪い意味で使わ

1　「君子豹変す（革卦）」（丸山訳［1996］197頁）の「君子」とは、立派な人のことをいいます。「豹変」とは、秋になって豹の毛が抜け変わり、一変して鮮やかで美しい模様になることをいい、良い方向に変わることをいいます。

47

れがちですが、本来の意味はそうではありません。リーダーは面目を保つことに固執せず、過ちに気がついたらすぐに正しい態度に改めるということを意味します。リーダーがそのように振る舞うことで、社員も態度を改めて、組織が一体になることにつながるのです。

　自分に自信のない人ほど、いったん決めたことを変えません。自分の立場を守るために、意地を張り、メンツにこだわり、変えることができません。正しい道に進むためには、自己変革は不可欠です。しかし、豹変するといっても、強いものになびいて、風向きだけで態度をコロコロ変える「風見鶏」のことではありません。あくまで、正しい道に進むための豹変です。

　組織はリーダーによって変わり、組織はリーダーの器以上にはなりません。部は部長の器以上にはならないとすれば、反対に部長の器が大きく成長すれば成長するほど、その部は大きく成長することができる可能性があるということを意味します。したがって、リーダーは常に豹変し続け、自身の器が大きくなるように磨いていく必要があります。会社も同様です。

Q 09

経営計画は、長期と短期、どちらを重視すべきか？

ココが
重 要 経営者は、長期目標と短期目標の両立にチャレンジし、実現
可能な経営計画を策定する。

企業が継続的に利益を稼ぐことは企業の存続・成長に不可欠であり、
景気の好況・不況にかかわらず常に上昇志向を持ち、イノベーションに
よる新しい付加価値の創造を目標に掲げることが必要です。

したがって、経営計画は、簡単に短期と長期のどちらか一方だけと割
り切るのではなく、長期と短期のバランスをとり、単年度計画と中長期
計画、既存ビジネスとニュービジネスといった二律背反するテーマの両
立にチャレンジしていく必要があります。そのために、企業は資本コス
トを上回る利益（キャッシュ）を短期的に稼ぎつつ、新しい顧客ニーズ
を創造するためのイノベーションを行い続けなければなりません。

しかし、新規需要の創造は、最初から簡単に成果が出るような綺麗事
ですまされるものではなく、汗をかき、泥にまみれながら生み出してい
くものです。たけびしの社長時代、私は単品[2]の販売だけでなく、自分
たちで付加価値をつけ新規需要を創造することに注力するように社内徹
底を図りました。その活動の一環として、これまであまり取引がなかっ
た大手のお客様を相手に、たけびしが過去に経験したことのない、工事
込みでの工場の電機設備納入にチャレンジしたことがあります。たけび

---

[2] メーカーからカタログに掲載されている商品を仕入れて得意先に販売するという単品の商売だけ
ではなく、顧客ニーズを深く理解し、顧客の困りごとを解決する付加価値をつけて提供すること
を、常に考えるということです。

しにとっては初めての挑戦だったこともあり、担当部門のメンバーが何度も泊まり込みをして、お客様と一緒に泥まみれになりながら、苦労に苦労を重ね最初の受注品を納入しました。この最初の受注品は利益が出ませんでしたが、それは勉強代だと思っています。当時、このお客様が生産する製品が大きく変化する変革期であったこともあり、その後、この電機設備は継続受注につながり、お客様とのビジネスを大きく成長させ続けることができました。このように、新規需要創造の最初は赤字を覚悟することも必要です。経営者は、リスクや赤字の許容範囲を決断し、将来収益の可能性と現在の利益とのバランスをとっておくことも大切です。

　企業には、半年先や1年先という短期的な将来は当然のこと、5年後、10年後はどうなるかを予測し、現在の利益を出しつつ、時代の変化に対応した新しいビジネスの塊をいくつもつくっていき、顧客に提供し続けることが求められています。もちろん、経費の無駄は徹底的に排除し、重要な分野に戦略的・重点的に配分することにより、着実に成果に結びつけていく必要があります。

　新しい価値を創造し、成果へと結びつけていくためには、過去の成功事例は自社であれ他社であれ大いに参考にすべきだと思います。しかし、それを真似ているだけならば、前進どころか後退につながる方が多いといえます。なぜならば、成功事例というのは個人であれ組織であれ、いつの間にか金科玉条のごとく不文律となって思考停止を招くことになるからです。重要なことは、成功事例に「何を付加していくか」です。それが、新たな発想です。新たな発想があってはじめて成功事例が活きてくるわけです。失敗事例も同じです。新たな発想をつけ加えることによって、失敗も成功事例と同じ価値を生みます。激変する経営環境の中で、過去の事例にとらわれず、真っ新のキャンバスに自らの思いを描き、常に新たな発想を追い求めることは、とても重要なのです。

Q10

経営計画は、どのような目標レベルに設定すればよいのか？

ココが
重要 経営者は、組織の実力値を見極め、常に新しい発想でプラスαを加えた目標を設定し、経営者と社員とのギャップを埋め、施策を展開する。

経営計画の策定において、目指すべき目標数値をどのようなレベルに設定すればよいのかについて悩んでいる企業は少なくないのではないでしょうか。

計画のつくり方で90％、勝負は決まります。高い成果を出す経営計画を策定するには、まず自分たちの会社の実力値をいかに見定めるかが、極めて重要です。未来が不確実でも確実な成果を出すように導いていくためには、変化の本質を見極め、「方針」を定め、それを実現に導く「戦略」「戦術」、そしてそれを必ず実現するという強い「思い」のすべてを反映したうえで、自分たちの実力値に、努力の限界に近いギリギリ達成可能な高いレベルの「目標」を見極める必要があります。そのため、経営者は多くの情報を集め、多くの社員と情報交換し、変化の兆候、施策のアイデア等の衆知を集め、社員たちの気持ちをつかむことが大切です。

この目標は、単なる数字の積み上げや多数決で設定しないという姿勢で臨むことがとても大切です。多くの場合、目標に経営環境変化を考慮したプラスα部分を含めていなかったり、好況期には計画値が楽観的になりすぎたり、景気低迷期には悲観的になりすぎたりしがちです。各部門の数字の単なる寄せ集めでは、自分たちの組織の真の実力を反映した

目標レベルとはならないということです。

　しかし、中期ビジョンや経営計画で目指すべき望ましい目標レベルがどのようなレベルかについては、企業によって、既存ビジネスの市場の特徴、規模、成長性、市場における地位や既存の顧客層、取り巻く経済情勢等が異なるため、一般論として具体的なレベルを表現することは難しいと思います。

　そこで、少し比喩的な表現になりますが、まず、手を伸ばせば簡単に届くようなレベルに目標設定してはいけないということです。そのようなレベルの目標設定では面白くありませんし、成長につながりません。会社の実力値を見極めずに、昨年実績等に単純にプラスαの数字を乗せた数値計画を決めて、戦略、戦術、施策を考えるというのは本当の経営計画ではありません。

　単年度の経営計画で組織や個人が目指すべき目標設定のレベルは、手を伸ばせば簡単に届くようなレベルではなく、10回か20回かジャンプして、やっと届くくらいの高さのレベルであると思います。

　逆に、自分たちの実力値を省みず、100回跳んでも届きそうもない目標設定は、いずれはほこりまみれになった古いアドバルーンと同様で、全く意味をなさず、モチベーションは下がり、疲弊を招くだけで良くありません。

　自分たちの組織の実力値を正しく把握し、今、目指すことができる適正なレベルの目標を正しく設定することで、企業経営の成否はほとんど決まると言っても過言ではありません。半年先、1年先程度を見通すのは、プロとして当然のことです。年度計画は今年の話であり、こういうことをやり、ああいうことをやったら、これくらいの数値には届くであろうという計画を考える必要があります。そして、それを2年先の目標や中期ビジョンで目指すべきレベルへとつなげていく必要があります。

■ 経営ビジョンと高い成果目標

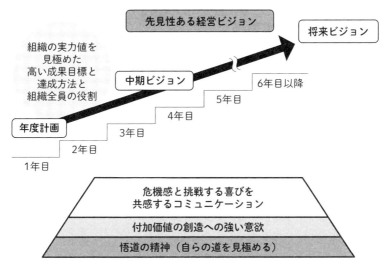

　しかし、特に中長期の話となると数値にしても施策にしても、経営者と担当部門が同じ感覚に立つとは限らないケースが増えます。したがって、経営者が担当部門にその時々の状況に応じて考え方を説明したとしても、それだけでは経営者と担当部門間の考え方の乖離を解消することはできません。そして、この経営者と社員とのギャップを放置したままで、施策を実行に移してはいけません。経営者と社員とのギャップを埋める努力をしながら、施策を展開するタイミングを計ることが極めて重要になります。

　まず、重要性の高い施策から優先的に実施する必要があります。そしてより大切なのは、施策の検討をスタートさせるタイミングです。いくら良い施策でも、社員の意識と連動しなければ空回りしてしまいます。例えば、テーマの難易度によりタイミングを見計らい、施策を実施する2年前、あるいは1年前から施策の検討を開始させ、何度も打合わせを

重ねることにより組織も個人も納得ずくの状態にして、実行に移すことです。すなわち、施策を実行する組織全員が理解できるレベルまでコミュニケーションを図り、社員の意識レベルとの連動ができてきたタイミングで施策を実行することで、高い成果が期待できます。つまり、経営者と社員とのギャップをいかにして埋めるかが、施策の成否を分けるということです。

　経営者は、自分たちの実力を見極め、計画数値を決断する覚悟が必要になります。そして、組織全員にその施策を浸透させ、組織全員が納得し、自ら目標達成に邁進できるような組織をつくり上げていく必要があります。

　このような努力を行うために、トップは存在しているのです。

Q11

どうすれば、組織全員で 努力の限界に近い高い成果目標を 目指すことができるのか？

ココが 重要 👉 今からこれに挑戦すべきと考える。その理由はこうである。そして、こういうことをこういう方法で行えば、ここまで行けるはずだと私は考えるが、あなたはどう考えるのか。

　組織全員で高い目標を目指すためにはどうすればよいのかと悩んでいる企業は多いのではないかと思います。

■ あるべき目標値

　経営計画は、普通に達成しうる堅実な数値を積み上げることではなく、また、できもしない理想の数値を掲げるものでもありません。高い成果を出す真の経営計画は、組織全員が目標を目指す大義に納得するものでなければなりません。そのため、担当者自らが「自ら考え、自ら行動し、結果に責任を持つ」という姿勢で、目指すべき高い目標達成のための戦略・戦術・具体的な行動を計画することが大切です。

　しかし、現実の企業では、実力値を踏まえたあるべき目標値が設定されないことが多くみられます。これが、経営計画を意味のないものにし

ている一因になっているのではないかと思います。

　計画達成率で個人の評価が変わる管理をしている会社では、あるべき目標値に比べ、低い計画値を設定しようとするインセンティブが働きます。なぜなら、各部門は毎年の経営計画の立案段階において確実に計画が達成できるように、経済環境等を理由にしてできる限り低く計画数値を設定し、より高い目標値を掲げようとしない傾向があるからです。

　他方、経営者がトップダウンで計画を設定する会社においては、あるべき目標値よりも、高い計画値を設定しようとするインセンティブが働きます。しかし、経営者がチャレンジングな高い計画を立てても、それを目指して部門や個人が一生懸命取り組み全力を出してくれなければ実現できません。上司から押しつけられた目標数値では、目標自体に共感や納得感を持ちにくく、その部門のメンバーが目標達成のために熱気と一体感を持って取り組むということは期待できない可能性が高くなります。

　担当者が納得していない目標数値を経営者や上司が設定した場合、目標達成できなかったときに、多くの担当者の心情として、上から押しつけられたことをできなかった理由にしてしまい、結果に責任を持たないことが多くなってしまいます。

　例えば、担当者が年間売上目標数値 8,000 万円と設定したにもかかわらず、上司が担当者の目標数値にプラス 2,000 万円上乗せし、売上目標を 1 億円に決定したとします。そして、年間売上高の実績が 8,000 万円となり、目標数値に対して 2,000 万円未達だったとします。そうすると、担当者は、心の中で「だから、最初から売上高 1 億円達成なんて無理だと言いましたよ。上司が言った 2,000 万円分はやっぱり無理だったのですよ」と、計画未達の理由は、自分自身ではなく、上司の設定した目標数値が妥当でなかったことにあると考えてしまいがちになります。

　このように、実力値を踏まえたあるべき目標値と、経営者やリーダーが考える目標値と、担当者が考えた目標値とは、乖離することが少なくありません。しかし、経営環境の変化を考慮しない低すぎる計画値と、担当者が共感できず上から押しつけられたと感じる高すぎる計画値のいずれも、望ましいレベルではありません。高い目標数値は、上から押しつけられたのではなく、あくまで自ら設定したものであると担当者自身が思えるような環境づくりが必須となります。

　そのために経営者がすべきことは、「今からこれに挑戦すべきであると考える理由はこうである。そして、こういうことを、こういう方法で行えば、ここまで行けるはずだと私は考えるが、あなたはどう考えるか」ということを、経営者が担当部門や担当者に、その時々の状況に応じた内容でわかりやすく何度も繰り返し説明することです。担当部門の考えも聞き、意見交換もし、納得のうえで、経営者の考える方向に導いていく必要があります。リーダーが、新しい考え方を教え、新しい方法を植えつけ、仕掛けをたくさんつくり、組織に定着させていくことで、担当者も、「その方法でやればできる気がします」という気持ちになります。そうすれば、先ほどの例でも、担当者が、自ら年間売上目標を1億円に設定し、自ら設定した目標に向かって自信を持って挑戦し、必然的に結果もついてきます。

　現状に満足せず、まだまだ発展の余地があることに気がつき、変化の本質を正しく見極め、今できるやるべきことを明確にしていくことが、あるべき高い目標を掲げた経営計画を実現可能とするのです。

第 5 章

「どうすればできるか」、
未来志向で考える?

〈企業を成長させる熱気と一体感のある組織づくりの 3 要件〉

利益を上げることができず赤字続きであれば、企業が存続できないのは当然です。にもかかわらず、できなかった理由ばかりが報告され、これから利益を上げるために今何を行い、これから何をすべきかといった議論が行われず、本当に必要な改善のための行動へと結びつかずに困っている企業は少なくないのではないでしょうか。

新たな困難な課題が次々と襲いかかる経営現場において、粘り強く未来を切り開いていく方法を模索し、改善を積み重ね、成果を出していくためには、どうすればよいのでしょうか。

第5章では、物事の本質を見極め、どうすればできるかを未来志向で考え、行動する、すなわち、フィードフォワード・コントロール（フィードフォワード・マネジメント）の実践方法について考えます[1]。

🔑KEYWORD

- どうすればできるか
- フィードフォワード・コントロール
- 自分自身に完全な責任を持つ
- 言い訳をやめる

---

1 フィードフォワード・コントロール（フィードフォワード・マネジメント）とは、組織全員が「自ら考え、自ら行動し、結果に責任を持つ」という意識を持ち、経営ビジョン・経営計画等で掲げた目標と予想結果との差異分析により発見した課題について、目標設定の前提となっている常識も疑いながらその本質を見極め、未来志向でどうすれば本来の目的を達成できるかについて検討し、実行・改善を積み重ねていくことで、経営ビジョン・経営計画を実現に導いていくマネジメント手法をいいます。フィードフォワード・コントロール（Feedforward Control）については、p.135 および丸田［2005］を参照ください。

なぜ、言い訳をやめ、自分自身に完全な責任を持つことが重要なのか？

重要 うまくいかない理由を自分に求め、課題の原因の本質をつかみ、真の解決策を見出し、実行し、成果を出すために、一生懸命に努力し続けることで、道が開ける。

「今の自分が正しい」と思い込み、他に責任を転嫁し、反省には至らず、改善も進歩も生まれない、という社員に困っている経営者は少なくないのではないでしょうか。

計画通りに物事がうまく運ばず、計画未達となったり失敗したりしたとき、多くの人がその原因を自分ではなく、世の中の状況が悪いのだというふうに周りのせいにして議論しがちです。

一生懸命頑張っているにもかかわらず、努力が思うように業績につながらないときでも、その理由を周りのせいにしては駄目です。うまくいかない理由を自分ではなく、周りに求めた時点で負けなのです。個人も会社も、言い訳をしているうちは、後退こそあれ進歩はありません。弁解を意味する「言い訳」とは、「自分の行動を正当化するために事情を説明する」ことです。他人のことを批判したり周りのせいにしたりして自分だけが正しいと思っているうちは、何ら事態は良くなりません。

例えば、「自分に権限があれば実行できるのですが、権限がないためできません」という言い訳をよく聞きます。しかし、自分自身に権限がなければ、上司に必要性を説明し、上司に動いてもらい実行することはできます。権限がないという言い訳は、自分自身の大局的な視点での必要性の理解不足や上司に対する説得力の不足と理解すべきだと思いま

す。

　組織の人材不足を言い訳にする上司も同様です。上司が人材を潰してしまうのは簡単です。部下の短所を指摘し、満足いく改善が見られないと「駄目だ」と烙印を押すことが仕事だと勘違いしている上司が少なくありません。しかし、人を育て、長所を伸ばし、短所は周りでカバーし、人の強みを活かし切るようなフォーメーションを考え、組織力のアップを図るのが上に立つ者の仕事であり、無い物ねだりをしてはいけません。無駄な従業員を1人も生まず、いかに組織全員の持てる力を100％活かし切るかと考えるのが、上司の仕事ではないかと思います。その人の持てる能力を最大限活かすには根気と工夫と思いやりが必要ですが、それができれば、組織は負けることはないということです。

　そのためには、どのような案件でも、上司は、まずは担当者の考えをしっかりと聞く必要があります。人は皆、魂を持っていますので、いきなり指示をしてしまうと、人は育たないのだと思います。上司は、その案件に対する担当者のアプローチをしっかりと聴き、きちんと受け止めたうえで広い視野に立ち、「この案件のポイントはこういうところにもある。このポイントに対し、どのように対処するのか」といった質問を行い、部下に気づきを与えることが大切なのだと思います。

　中国明代の呂新吾の言葉に、「我を亡ぼす者は我なり。人、自ら亡ぼさずんば、誰が能くこれを亡ぼさん」[2]という言葉があります。これを会社に置き換えるならば、経営不振となったとき周りのせいにしてはいけない、原因は自らにあるということです。経営不振の原因は、自らがやるべきときにやらなかったことに起因するのです。「会社にせよ個人にせよ、自分を駄目にするのは自分である」。他の何人も自分を駄目にす

2　「亡我者我也。人不自亡。誰能亡之。」呂［2009］253頁。

ることはできない。先行き不透明なこの時代だからこそ、忘れてはならない言葉です。

「キツネはわが身を咎めず、罠を責める。」[3]イギリスのウィリアム・ブレイクという人の言葉があります。すなわち、罠に引っかかったキツネが、自分の不注意を責めずに、そこにあった罠を責めるということです。人間だから失敗することがあると自分を甘やかし、失敗を正当化してしまうような人や組織に限って、ミスを犯し、いつも計画が未達になってしまうのです。

■ 自分自身に対する完全な責任

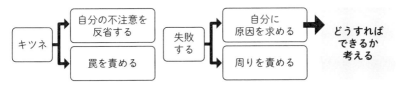

過去を振り返って、「あれは気がついていました」「あれは考えていました」「あれはやるつもりでした」といったたぐいの言葉も、全く意味がありません。いかなる理由があろうとも、行動と結果が伴わなければ、何も考えていないのと等しいと思うべきです。これは過去の話だけでなく、現在も同じです。「それは気がついています」「それは考えています」「それはやるつもりです」というのも同様です。

できない理由探しばかりに時間を費やし、本当はできることまでできなくしてしまう。あるいは、自分はもっとレベルの高い人間だと思わせたいがための言葉探しに一生懸命となり、肝心の「自分をどう高めたいか」を考える余裕すらなくしてしまう。すると、やるべきことが実行さ

3　ウィリアム・ブレイク（William Blake）「天国と地獄の結婚（The Marriage of Heaven and Hell）」

れないまま放置される待ちの姿勢となり、経営環境の変化に取り残され
てしまいます。

　計画通り進んでいないときに周りや環境のせいにせず、その原因を自
らに求め、見出し、それを正していくことで、成果に結びつけることが
できるのです。人間の運命は、自分たちで切り開くものなのです。

　景気がいいときも悪いときも、ビジネスをやっていればマイナス材料
はいくらでも存在します。こういうご時世では、「計画が未達でも仕方
がない」といった言い訳をしたくなるような材料が山ほどあります。し
かし、厳しい経営環境だからこそ「言い訳しない」、それが自分たちの
運命を良い方向に持っていく第一歩です。いかに良い方向に持っていく
ことができるかというプラス思考で常に未来を考え、さらなる成長を目
指していくことが、個人も会社も非常に重要なのです。その努力を継続
し続けることで道が開け、新たな感動と驚きを創出することができるの
です。

Q13

どうすれば、高い成果を出す経営計画の審議ができるのか？

ココが 重要 経営計画の審議をより実のあるものにするためには、審議の参加者が、「こういう理由で、こういうことを、こういうアプローチで実施したら、もっと高い成果を出せるはずだ」と提案を行い、それを徹底的に議論することにより、全社横断的な戦略に磨きをかけることが必要である。

経営計画の審議会は策定した数字や実績を報告するだけの会になりがちです。未来志向で、組織横断的な戦略に磨きをかける会議にするためにはどうすればよいかと悩んでいる企業は少なくないのではないでしょうか。

経営計画の審議会のあり方として、まず、日常業務（ルーティン業務）報告の延長ではなく、各部門のトップが率先垂範し、「確固たる意志」を持って具体的な戦略とアクションプランを示す場である必要があります。

そのうえで、過去・現在の事業業績をどう評価し、未来をどう考えていくべきなのかが重要であり、立案した計画、戦略、施策、行動等をさらに良いものにするためにも、経営幹部がアイデアを提案し合い、意見を出し合い、徹底的に議論し、全社横断的戦略に磨きをかけ、より実のあるものにする必要があります。

そして、そこで得た結論を会社としてオーソライズ（authorize：公認する）し、各部門長はその内容にコミット（commit：責任を持って尽くす）する。オーソライズした各部門の経営計画を社員1人ひとりの目標

65

■ どうすればできるか

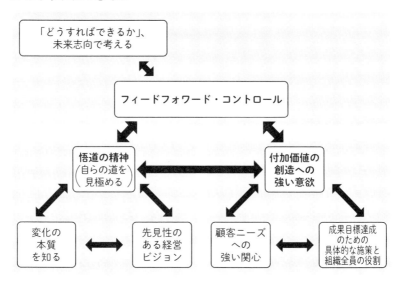

と役割に紐づけ、組織全員に徹底を図り、意識を高めていく必要があります。

　そのためには、例えば、経営計画の審議会にしても月次の経営会議にしても、より高い成果を出す審議にするために、会議の開始時に会議の目的を明確にし、会議の終了時にはその目的に合った成果を明確にするといったような会議のあり方を工夫することも重要です。そして、それ以上に大切なことは、リーダーが普段から社員1人ひとりに「あなたはどう思いますか」と問いかけ、「どうすればこれを実現できるか」を考えさせ、自ら考えた目標や施策に対する責任を意識できるようにしておくことです。

　また、売上や利益が増加している好況期には、将来に対する見通しが楽観的になりすぎてしまい、好調な営業成績を出している既存業務の報告に終始し、イノベーションの準備や将来に対する適切な備えといった

66

長期的な成果につなげていくための議論がなされないことがよくあります。しかし、好景気のときこそ、景気の後退、需要の減退という局面に対する「備え」を行い、不況に突入したときに悲惨な結果を招くことのないよう好調時にしかできないことを実行する計画を立てておく必要があります。

　短期的な視点のみにとらわれず、短期的な成果と中長期的な企業価値向上の両立を実現するために「今年度中に実行すべきこと」を徹底的に議論することで、高い成果に結びつく計画を練り上げていくことができるのです。

Q 14
どうすれば、月次の経営会議の成果を高めることができるのか?

ココが 重要 問題の本質が何かを見極め、今から誰が何をどうすれば経営計画を実現できるかを徹底的に考え、成果につながる解決策を徹底して実行する。

売上や利益が減少してきている不況期には、将来に対する見通しが悲観的になりすぎてしまいがちです。強力なライバル商品の台頭、天候不順等による市場環境の悪化等、当初計画の達成が困難なことを説明する詳細な調査が行われ、売上目標の達成を諦めざるを得ない理由ばかり報告され、成果につながる議論が行われないことがよくあります。このように、月次の経営会議が実績の報告やできない理由の報告会になりがちで、会議の成果をもっと高めるためにはどうすればよいのかと悩んでいる企業は少なくないのではないでしょうか。

原因分析は、売上や利益等の成果につなげ、「どうすればこれを実現できるか」という議論を行うために実施するものです。経営会議では、できない理由の報告をするのではなく、それを何でどうカバーするのかを報告する必要があります。自らつくった計画を達成し、成果を出すために、できない原因となっている課題の本質を見極め、知恵と工夫と努力によりその原因を取り除き、いかに未来を切り開いていくかについて、未来志向で考え、話し合う必要があります。

問題解決につながらないときは、われわれが陥りやすい間違いである「知っている」「わかっている」「やっている」と勘違いして立ち止まっていることはないのかをしっかり反省し、実行に移す必要があります。

何事においても同じことですが、何かを読んだり、聞いたりしただけで「わかった」と思い込んだ途端に進歩は止まってしまいます。それは、雑学のたぐいの知識に1つ付加されただけです。もっと言うならば、「何かを知った」ということは、それについてこれまで何も知らなかったということを知ったに過ぎないのです。これでは、問題の本質にはなかなかたどり着けません。表面的な原因を羅列するだけでは何の意味もありません。原因分析をするときに注意すべきことは、原因の根源は何か、その問題の本質は何かを見極めることです。

しかし、「原因の抽出」を行うと、それはスタート台に立ったばかりであるはずなのにゴールしたと錯覚するという勘違いが生じがちです。ゴールは、あくまで問題の本質から真の解決策を見出し、実行し、成果

■ 未来の数値を実現するための施策

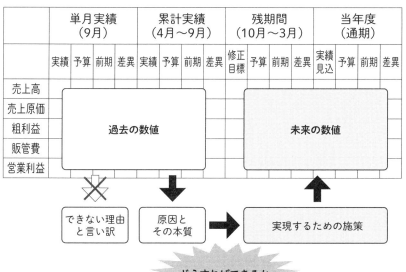

を出すことです。「成果に結びつける分析」とは原因を抽出することで終わるのではなく、抽出した原因の本質を見極め、今から誰が何をどうして成果を出すのかという行動につながる解決策を導くことです。

例えば、厳しい経営環境下における10月の経営会議は、9月までの実績が目標を達成できていない言い訳を話し合う場ではありません。9月までの実績を踏まえ、現状の実態の本質を見極め、いかにして年間目標に近づけるかを検証する場です。9月までの分析結果から新しい発想で方法と手段を考え、10月以降に備えることが求められる場です。

経営環境に大きな変化がないにもかかわらず、年度計画が残り2〜3ヵ月になった時点で、計画の下方修正とその「できない理由」が報告されることがあります。マラソンでいえば、ゴールを勝手に手前に置き直しているようなものです。それでは、真の完走はもちろん、マラソンの勝負に勝つなどはとんでもない話です。

計画を策定し期限を定めても、それを守らなければ全く意味をなしません。例えば、6ヵ月の期限なら前半の3ヵ月で目途をつけ、残り3ヵ月は仕上げ期間と捉え、不足部分をカバーすることで、計画の期限が守れるのです。しっかりと目指すべきゴール地点を見定め、そのうえで、それぞれの体力、能力に合った走り方を考えることで、本来の課題解決ができるのです。単に年度決算の結果がOKならばよいということでなく、計画段階からしっかりとした月次の数字を示し、月次の損益管理の考え方を徹底する必要があります。

計画した各課題の進捗状況のフォローを行うときに、思い切った発想の転換をしないと問題解決にならないことも少なくありません。自ら制約条件をつくり発想の広がりを抑えているようでは、課題の解決はおぼつかないことは言うまでもありません。会社として、その状況において進むべき方向を決め、これから、どうカバーするのかを徹底的に議論

し、確固たる意思を持ち、具体的な戦略とアクションプランを示し、決断し、実行していくことが必要です。

　うまくいった部門は、なぜ成功したのか、なぜうまくいっているのかのポイントをわかりやすく説明し、それを全社で共有し横展開していくことで、さらに大きな成果につなげていくことも大切です。

　何かを知ったら、その先にはもっと奥深いものがあり、もっと知らなければならないことがあるはずです。このように考えてはじめて進歩があります。各人がそれぞれの立場で目標を実現させるための役割を考え、その立場・役割を間違えずに、新しい発想を持ち続けて、果敢に挑戦し、運命を切り開いていかなければいけません。それが本当の意味で組織・人を大事にすることになり、目標達成につながるのです。

Q15

非常事態の発生による試練に 直面したとき、 どのように経営を推進すればよいのか？

ココが **重要** 👉 当たり前のことであるが、「自分たちの会社は自分たちで守るしかない」「誰も助けてくれない」ということを胸に刻んで、どのような状況におかれても、自分自身の意思と判断で、やると決めたことを1つひとつ着実に実行する。

　予測できない突発的な変化に対しては、その時々の状況をしっかりと把握し、スピード感を持ち、適切かつ柔軟に対応をすることが求められます。突発的な変化に動揺して対応を間違えないためにも、常に現状を把握し、準備を積み重ねておくということが重要です。特に、リーマンショック、東日本大震災、新型コロナウイルス感染症などという非常事態の発生により、市場環境が悪化し、企業が危機にさらされ、試練に直面したとき、どのように考え、どのように対処し、どのように経営を推進するかは、企業が存続するために非常に重要です。

　まず、非常事態が起こったときには、すぐにその影響を検証する必要があります。そして、非常事態発生に伴うマイナス部分をどのようにカバーしていくか検討する必要があります。単にマイナス影響の検証のみでストップし、計画数値を下げることに終始しているようではいけません。非常事態で経営環境が大きく変化したときは、計画通りに事が進まない原因がはっきりしているため、現状を検証したうえで、担当者も管理者も「このままではいけない」「今までとは違う何かをしなければならない」「それは何か」ということを徹底的に追求し、適切な対策を適

時に実施していくのが本当の仕事です。

　人が試練に直面したとき、その人の奥底に秘める意志の強さや精神力の強さがわかります。「激しい風が吹いてはじめて強い草がわかる」という意味の「疾風に勁草を知る」という言葉がありますが、これを言い換えれば、意志の弱い人、見通しの甘い会社は、強風に吹き飛ばされてしまうということになります。

　組織の１人でも多くの人が、自分自身の意思と判断で、これまでの貴重な経験を活かし、「勁草」となれるように努力する必要があります。厳しい状況を乗り切るためには、世の中の悲観的な言動に振り回されることなく、強い意思を持ってやるべきことに取り組むこと、やると決めたことを１つひとつ着実に実行していくことしかありません。

　「満つれば欠くるは世のならい」という言葉があります。景気にも山があり、谷があるのは、ごくありふれた自然のリズムと同じようなものといえます。われわれは、目先の浮き沈みに一喜一憂することなく、浮き沈みは常にあるのだという前提に立って冷静に先行きを見通し、やると決めたことを確実に実行していく、これが一番重要だということです。こうした姿勢を貫き通せば、必ずや未来は開けていきます。

　順調に事が進んでいるときは、知らぬ間に過去の成功にあぐらをかいていたり、活動が淡泊になったりしてしまいがちですが、予期しないトラブルは常に起こりえます。種々の事象を想定し、つまずいたときにどう体制を立て直すかを考え、日々の粘り強い準備を積み重ねておくことが非常に重要です。

　企業というものは理由の如何を問わず、業績がどれだけ悪化しても誰も助けてくれません。自分たちの会社は自分たちで守るということは当たり前のことですが、意外に忘れがちです。また、ピンチに追い込まれたときには、普段では思いつかなかったり実行できなかったりする新し

い発想によるイノベーションを行う絶好のチャンスであることも少なくありません。

　突発的な事象が起きてしまったときにも、そのマイナスの影響を自分たちでいかにカバーするか、すなわち「自分たちの会社は自分たちで守るしかない」「誰も助けてくれない」という当たり前のことを、胸に刻んでおく必要があるのです。

　長期においては、景気は好不況で大きく変動し、バブル経済もあれば、新型コロナウイルス感染症のようなパンデミックも起こります。しかし、「人間万事塞翁が馬」[4]「禍福はあざなえる縄の如し」[5]という言葉の通り、何が幸いするかわからないものであり、人間の幸、不幸はより合わせた縄のように表裏をなしており、良いことも悪いことも長くは続きません。

　景気が後退し、需要が減退していく局面においては、厳しい状況を切り開いていくための何か特別な方法があるわけでもなく、奇策も通用しません。あくまで正攻法で、目の前にあってこれまでできていないことを1つひとつ地道に着実に実現していくことが唯一の解決策です。朝の来ない夜はありません。常に前向きで、そして積極的な姿勢を忘れることなく、組織全員が一丸となって頑張っていく必要があります。不況期には、好況期には見えなかった問題が見えてくるものです。それを改善することにより、一段と経営体質を強くすることができます。そのため

4　「人間万事塞翁が馬」(「淮南子」人間訓)。中国の砦のほとりに住む老人の馬が逃げたとき、人々が慰めると老人は「福が来る」と言い、逃げた馬が駿馬を連れて戻ってきたときに人々がお祝いの言葉をかけると「禍が来る」と言い、駿馬に乗った老人の息子が落馬して太ももを骨折し人々が見舞うと老人は「福が来る」と言い、その後、戦争となり若者たちの9割が戦死したが、片足の不自由な老人の息子は兵役を免れ生き延びることができた。福は禍に変化し、禍は福に変化するため、何が福か何が禍かは奥深いものであるという故事です。なお、人間は「じんかん」とも読み、「世の中」の意味です。

5　「禍福はあざなえる縄の如し(「史記」南越伝)」。「因禍為福、成敗之転、譬若糾纆(禍によって福となす、成敗の転ずること、譬れば糾える纆のごとし)」。

74

には、「転んでもただでは起きない」貪欲な姿勢でやるべきことを実行する必要があります。厳しい逆境においても、「あの厳しい時期があったからこそ、今の飛躍がある」と後で振り返って思えるように、新しい発展の礎になるように、行動していくことが必要なのです。

第6章

危機感と挑戦する喜びを共感するコミュニケーションとは?

〈企業を成長させる熱気と一体感のある組織づくりの3要件〉

第1要件 先見性のある 経営ビジョン	第1章　経営環境変化の本質と自らの道の見極め
	第2章　先見性のある経営ビジョンの明確化
第2要件 付加価値の 創造への強い意欲	第3章　顧客の期待を超える付加価値の創造への強い意欲
	第4章　高い成果目標とその達成方法および組織全員の役割
第3要件 フィードフォワード・ コントロール	第5章　「どうすればできるか」、未来志向で考える
	第6章　危機感と挑戦する喜びを共感するコミュニケーション

組織の一体感を高め、より高い成果を出すためには、経営者と従業員とのコミュニケーションをどのように深めればよいのかと悩んでいる経営者は少なくないのではないでしょうか。

　組織の持続的な成長を実現するためのコミュニケーションは、できない理由を話し合うためではなく、未来を切り開いていくために、どうすればできるかを考えるためのものである必要があります。人は、正しいか否かだけではなく、心で動く生き物です。どうすればできるかを組織全員で考え、熱気と一体感のある全員経営の組織をつくり上げるには、相手の立場に立ち、危機感と挑戦する喜びを共感するコミュニケーションが不可欠です。例えば、社長1人と社員が100名の会社で、社長1人が全力で頑張っていたとしても、100人の社員たちが半分しか力を発揮していなければ51人分の力にしかなりません。社長が100名の社員全員の意識を高め、その英知を活かし、社員全員がそれぞれの特性・強みを活かした役割を果たすことで、組織力を何倍にも高め、高い成果に結びつけることができるのです。

　第6章では、どうすれば、未来志向で危機感と挑戦する喜びを共感するコミュニケーションを行い、持続的な成長を実現する熱気と一体感のある組織をつくり上げることができるのかについて考えます。

🔑KEYWORD

- 危機感
- 挑戦する喜び
- 共感するコミュニケーション
- 人は自分のためになると思うと動くもの
- 「会社を良くするため」に思ったことを自由に発言できる組織風土
- すり鉢のように視野が広がっていく議論

Q16

どのように人事評価を行えば、
人材を育成でき、
企業が成長できるのか？

ココが
重要

上に立つものの心得は、「厳しくて冷たくない」「やさしくて
甘くない」。人は自分のためになると思うと動くものです。
人材育成のポイントは、相手の立場に立ち、その人のためを
思って、「こういう考え方の方が、あなたがより成長するの
ではないか」と、その人のための気づきを与えるというスタ
ンスがとても大切です。

　人材育成をしていくために、どのように人事評価をしていけばよいの
かに悩んでいる企業は少なくありません。例えば、実力より高い意欲的
な計画や、会社にとって価値の高い計画を立てて達成しなかった場合、
どのように評価すべきなのかは難しい問題です。

　評価を行う際には事業を取り巻く経営環境、競合他社の動向、市場の
特徴・規模、成長性、自社の市場における地位、人材の量と質等の違い
も考慮する必要があります。また、事業の既存と新規、成果の短期・長
期のウェイトをどう評価するかも決めておく必要があります。そして制
度として必要な、①ベースとなる基本給（年齢給、能力給等）、②（ポス
トが限られる）役職給、③（成果に見合う）業績連動給のウェイトをど
のように構築すればよいかは、各企業にとって難しく大切な課題です。

　人事評価はともすると、成果とは関係ない好き嫌い等で行われる危険
もあり、評価の客観性を重んじるためには、まずはデジタルの部分を
ベースに評価すべきですが、最後は、どうしても、プラスαのアナログ

の部分での評価が必要です。デジタルだけで評価できるのであればコンピューターが人事評価すればよいのですが、企業を成長させるためには単純に数字だけでは評価できません。例えば、短期的な成果には結びつかなかったとしても、あるいはたとえ失敗したとしても、世の中の流れを正しい見方で見定めて行った中長期的な企業価値の向上につながる貢献については評価することが必要です。逆に、短期的に高い成果を出していても、中長期的な企業価値を犠牲にするような間違った方向に進んでいるようであれば、現在の成果だけでの評価は間違いとなります。人事処遇は、人が評価するものであり、数字だけでは評価できないアナログの部分があるからこそ、上司がいるのであり、経営者がいるのだと思います。もちろん、好き嫌いでの評価は断じて排除すべきことは言うまでもありません。

■ デジタル評価とアナログ評価の領域イメージ

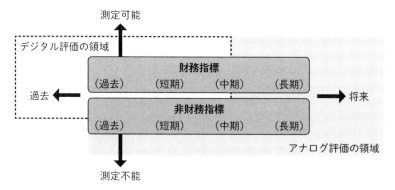

そして、人事制度も、時代、経営環境、組織体制等の変化に応じて修正していくことがとても大切です。十年一日の如しでは企業の活力は生まれません。組織全員が力を結集し、熱気と一体感を持った組織をつくり上げるためには、時代に合った人事処遇制度のもとに、組織全員が自

分たちの会社を良くしたいという思いを持つことが大切だと思います。

　たけびしの社長就任時、私は人材育成と組織力を高めることを目的に、10年後、20年後に自社のマネジメントの中核を担うであろう入社7～12年目くらいの若手社員（30～35歳）を集め、「20年30年先にわれわれはいない。そのとき、中核になるのはあなたたち若手だ。自分たちの将来を託すこの会社の将来をどうしたいのか、そのために今何をしたらよいと思うのか、自由な発想で考えてみてください」と言いました。そのことを受け、2004年4月、若手社員によるCI（Corporate Identity）委員会がスタートしました。社長の私も、委員の要請で会議に参加したり、ワイガヤ会で意見交換したりすることもありましたが、基本的にはCI委員会が試行錯誤を繰り返し、1年半後に社長への提言を行っています。その提言を踏まえ、2006年10月に「竹菱電機株式会社」から、「株式会社たけびし」[1]に社名を改めるとともに、企業理念、行動基準等を改定し、新たにコーポレートメッセージを制定しました。マネジメントの中核を担うであろう若手社員が、将来どうあるべきか自ら考え、行動し、結論を出し、社名変更や企業理念策定という会社の重要事項の決定に参画したことは、施策を自分たちで行ったという当事者意識を持つことができ、自主的に行動する若手社員の人材育成に大きく貢献したのではないかと思います。

　計画を実行し高い成果に結びつけるためには、組織力を高める必要があります。刻々と変化している経営の現場において素晴らしい組織であるためには、まず1人でも多くの人材を育てることが必要です。企業が長きにわたって隆盛を極めようとするならば、カリスマ的存在よりも素

1　竹菱電機をたけびしに変えた考え方のポイントは、①竹菱電機はメーカーのイメージが強い、②三菱電機が今後も主たる仕入先に変わりないが、それをさらに伸ばすためにも、これからは三菱電機以外のパートナー品を増やしていく必要があることから、「三菱」を連想させる漢字表記からひらがな表記にした、③「たけびし」の呼称は残したいという3点です。

晴らしい人材・組織の存在が必要です。これは歴史が証明しています。

　組織全員が成長し、それぞれの立場で人を育てるためにはどうしたらよいかを考える必要があります。特に、新規事業を推進していくためには、気力、体力の満ちあふれた若い人材の育成・登用は非常に重要です。経営者にとっては、どうやって社員の意識を変え、1人でも多くの人材を育てていくかということが一番重要な責務であり、かつ難しく悩ましい問題です。

　そのために、まず大切なことは、経営者が自分の意見・考えをしっかりと持ったうえで、メンバーに熱く語ることです。上に立つものが、単に厳しいだけのリーダーであれば、メンバーからの情報は伝達されにくくなり、一方通行になってしまいます。だからこそ、ビジョンを実現させるために、リーダーには愛情のこもった厳しさ、やさしさが不可欠です。愛情のある厳しさとは、受け手が「本質に対する気づきを与えてもらえた」「やるべきことが見えた」と感じるものではないかと思います。自分の意見や考えを社員に正確に伝えるためには、相手が聞きたがっていることを知ったうえでわかりやすく説明し、コミュニケーションを行う必要があります。また、議論を重ね、具体的な施策がメンバーの意識と連動するようにメンバーの理解レベルを高め、リーダーとメンバーとが血の通った信頼関係を築き上げていく必要があります。

　当たり前のことですが、人材育成のポイントは、上司が相手の立場に立ち、その人のためを思って言っているかどうかにかかっています。会社や上司の都合で話をしても人の意識は変わりませんし、人材は育たないと思います。上司が自分のためばかり考えているようでは部下の心に届くはずもなく、人材育成などできるわけがありません。また、たとえ内容が正しくても、上から押さえつけようとしていては、人材は育ちません。

　人は自分のためになると思えば動くものであり、人材育成のために

は、自我を捨て相手の立場に立たなければいけません。部下を成長させたいと考えるのであれば、その部下の人生にとってプラスになるか否かという視点で、臨機応変に部下と向き合う必要があります。まず、その部下が目指す世界が何かを知り、相手を成長させようというスタンスであることがとても大切です。その部下が目指す世界にたどり着くには、「このようなことをこういうふうにすればプラスになるし、このようなことをしていたら損をするし本人のためにはならない」ということを、本人に気づかせてあげるということに尽きるのではないかと思います。

　例えば、「新型コロナウイルス感染症の感染拡大防止等の目的で推進するテレワークで高い成果を出すためには、どのように管理すればいいですか」とよく聞かれますが、テレワークにおいて「管理のための管理」をするなど、上司の都合のよい管理をしようとしているようでは、成果につながりにくいのではないかと思います。どのような環境でも、自分を成長させるためには自己管理が不可欠です。上司が、部下に対し、自分のために自己管理が大切であることに気づきを与え、テレワークという状況においても、自分のために自己管理できる人材に育て上げることこそ、組織の成果につながるのだと思います。

　「こういう考え方の方が、あなたがより成長するのではないか」というように、リーダーが相手の立場に立って考えることがスタートになるものです。

　経営者の役割（仕事）は、社員の潜在能力を引き出し、社員と会社の質を高め、より強い会社にしていくことです。そして、組織全員がそれぞれ自己管理しながら、それぞれの会社に合った施策を一丸となってやっていける環境をつくることでもあります。

　人材育成には即効薬はありませんので、長い歳月をかけ、根気よく相手と向き合っていくという気持ちが大切になります。

Q17

なぜ、会社を良くするための共感する
コミュニケーションが必要なのか？

**ココが
重要** リーダーは、自分の考えを熱く伝えるとともに、組織全員の
話に積極的に耳を傾け、社員が「会社を良くするため」に
思ったことを、自由に発言し合う雰囲気を浸透させる。

　リーダーから部下に対して、思いや情報を伝えるという上意下達と、
部下からリーダーに対して、話しにくいことでも情報がタイムリーに伝
えられるという下意上達、この双方向の組織内コミュニケーションを、
より円滑に機能させるにはどうすればよいのかと悩んでいる経営者は少
なくないのではないでしょうか。

　経営者が同じことを繰り返し言うだけでは会社は変わりません。会社
を良くしたいという社員が増えてはじめて、変化に対応した新たな挑戦
をするという思いを持った集団となるのであり、その集団を核とした輪
をさらに広げていくことが必要です。

　私がたけびしの社長に就任した当時は、組織の壁が多く、上下関係も
横の関係も少し閉塞感があるように感じたため、コミュニケーションを
図る目的で、ワイガヤ会[2]と称し、社員とのざっくばらんなプライベー
トの会合を継続的に実施することにしました。社長である私を中心に、
参加者は7〜8名程度、開始時間は定時後の午後6時から、参加は自由、
会費制（自費で5,000円程度）で会社とは関係なく、上下関係もなし、

2　ワイワイガヤガヤの会。社長と社員のコミュニケーションを深める大きな役割を果たすために、
　継続的、恒常的に自由闊達に意見交換できる会。愚痴や他人の悪口は言わない、その場での発言
　等の他言は禁止、建設的な意見はどんどん言う、希望があれば何度でも行う、できれば組織とは
　無関係な（上下関係のない）メンバーでの会にするというようなルールを決めて実施しました。

出席履歴もとらないということで、まず、社員の皆さんに自由に発言してもらい、私の考えも社員の皆さんにお伝えしながら、継続的に社員の意見を聞くことにしました。社長時代の9年間に、最初は30歳前後の若手社員からスタートし、月2回くらいのペースで合計200回以上は開催したと思いますが、立場を超えてワイワイガヤガヤと本音で自由に熱気ある意見交換をすることで、かしこまった場では出てこないような考えで議論を深め、「見えない部分」の意識改革につなげることができました。

「会社を良くするためにこのようなことをしたい」、あるいは「仲間を募ってこのようなことを考えたい」という人が1人でも2人でも増えれば、会社は変わります。そのような仲間を増やし、もっと結束した力を発揮する組織にしていくためには、経営者の考えを社員に伝え、社員の考えと経営者の考えとの意見交換の場を充実させていく必要があります[3]。

そのためには、まず、経営者が、若手を含め広く社員の意見を本気で聞きたいという気持ちで臨むこと、そして、本音で話ができる場の雰囲気をつくり出すことが何より大切です。経営者は、社員の言葉に真剣に耳を傾け、それぞれの社員の特徴や強みや考え方を知ることが不可欠です。また、形式的に行うのではなく、趣旨を徹底して継続することが重要です。

組織によって、このような情報交換会の形はさまざまであると思いますが、本音で自由に意見交換する機会を継続的につくり、社員が自由に発言し合う雰囲気を会社に浸透させることで、成果を上げるための多様

---

3 会社の部長、課長といった縦系列の組織だけでは、情報の本質が伝わりにくいこともあり、情報伝達方法に課題を感じている企業は少なくありません。定時後での意見交換、サークル活動、QCサークル（小集団での品質改善活動）等の非公式行事を活性化させ、情報伝達を促進させることは、熱気と一体感のある組織づくりにとても重要です。

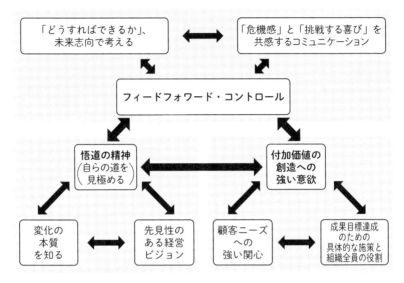

■「危機感」と「挑戦する喜び」を共感するコミュニケーション

なアイデアが創造できたり、将来の変化に先手を打ち新しいチャレンジを行う提案が行われたりする組織に徐々に変わっていきます。

　社員が思ったことを言える雰囲気がなかったり、リーダーが社員の話を全然聞かなかったりしている組織などでは、社員が力を十分に発揮することは期待できません。そして、経営者が、社員の意見に耳を傾けず、自分勝手に先に進んでいくと、気がつけばうしろは屍だらけということになってしまいます。

　社員が「もっとやってやろう」「もっとやりたい」「よしやるぞ」と、「自ら考え、自ら行動し、結果に責任を持つ」組織にするためには、社員が会社を良くするために思ったことは、正しいことでも正しくないことでも、経営者の気に入ることでも気に入らないことでも、どんどん発言することを、経営者が容認することが大切です。経営者自らが社員の立場に立ち、思いやりの気持ちを持って社員の話を聞き、組織全員が会

社を良くするために思ったことをどんどん発言できる雰囲気のある組織をつくり上げていく必要があります。

　熱気と一体感のある組織をつくるのは、このような1つひとつの地道な活動の積み重ねであり、かっこいい話ではありません。

　例えば、普段の何気ない会話、ワイガヤ会で見せたちょっとした表情の変化、報告書に記載されていた些細な内容から、みんなが困っていること、問題の兆候に気づけるかどうかが大切です。経営者が改まって社員たちに「何か困っていることはありますか」なんて聞いても、本当に困っていることはなかなか出てくるものではありません。リーダーは、意識していなければ見過ごしてしまうような兆候に気づくことにより、「今、何に困っているのか」「何に悩んでいるのか」と社員に問いかけることができ、それが相互信頼にもつながることにもなります。

　リーダーは、普段の何気ない会話から、ちょっとした異変に気づき、深く掘り下げることができるか、あるいはそれを見過ごしてしまうかどうかで、大きな差が生ずることを心に留めておくべきです。

　リスクやチャンスにはさまざまな特徴があり、今は些細なようでも将来大きくなるリスクもあります。例えば、火事でも、ボヤのうちに消し止められず大火事になれば甚大な被害が出てしまいます。庭の雑草も、新芽が出たときに摘み取っておかず大木に育ってしまえば、庭師でないと切り落とせなくなります。このように、世の中における大きな問題や難題は、始めは容易に解決できる些細なことから生まれるものです。

　したがって、経営者は、大きな問題に発展し解決が難しくなってしまう前のちょっとした異変に気づき、問題を識別し、スピード感を持って対処し、早期に問題解決することにより大きな成果に結びつけることが大切です。

　そして、企業経営において、組織全員がワンチームとなり、目標に向

かって一丸となって戦う強い組織をつくり上げるためには、リーダー（部長）と各部門の現場との意思疎通、重要な情報のタイムリーな共有などの双方向コミュニケーションを円滑に機能させることが非常に重要です。

　ビジョナリー・カンパニーを目指し、組織全員が「何が何でも実現する」という強い思い・熱気を持ち、みんなで一緒に歩いていけるように持っていくためには、リーダーは日常の業務において自らの考えを社員に熱心に伝えるとともに、社員の発言に積極的に耳を傾け、社員とのコミュニケーションを積み上げ、組織の壁を低くし、総力を結集しやすいようにしていくことが不可欠です。

　トップが示したビジョンに組織全員が一丸となれるように、常に組織を風通しの良い状態にしておくことは、リーダーの極めて重要な役割といえます。このような地道な積み重ねで、組織の雰囲気が変わっていくのです。

どうすれば、視野が広がっていく
コミュニケーションができるのか？

ココが 重要 経営者は、大局的な視点を忘れず、孤独に耐え、自分を磨き、成長していかなければいけない。

　社員たちから、成果に結びつくアイデアをもっと集めたいと悩んでいる経営者は少なくないのではないでしょうか。

　多くの組織では、「茶筒」のように上から下まで同じ視点で同じような議論をしている場面が結構多いのではないかと思います。これを、私は、「筒論」と呼んでいます。

　本来、組織は、「すり鉢論」で展開していく必要があります。すなわち、担当、課長、部長、役員と上に行くにしたがって、広い視野で議論の幅が「すり鉢」のように広がらなければいけない。そうでないと組織は大きくなりません。

■ すり鉢論と筒論

	すり鉢論	筒論
議論の内容	すり鉢のように、視野が広がっていく議論	筒のように、上から下まで同じ視点で同じ議論
リーダーの姿勢	リーダーが大局的な視点に目線を上げ、風通し良く自由な発想の議論を促す	リーダーが自分の考え方を押しつけ、部下を押さえつける
コミュニケーションの成果	リーダーが思いつかないような新しい発想や優れた意見が集まる	部下はリーダーの考えに忖度した議論を行い、衆知が集まらない

組織全員の視野を広げていくために、リーダーはメンバーの気がついていない意見や考えを熱く語ることが大切です。担当者が考えるような細々したことに目くじらを立ててはいけません。リーダーが自分の権威を保つために、自分の考えでメンバーを押さえつけてしまうと、メンバーは上司の考えを忖度し、議論になりません。その結果、茶筒のように、上から下まで同じような話しかできなくなり、新たな発想が創造されにくくなってしまいます。

　各層のリーダーは、レベルが1つ上がるごとに目線も1つ上げ、大局的な観点で物事を考え、意思決定する技術を身につけることが求められます。そして、もう1つ重要なことは、メンバーがリーダーの思いつかないような発想や優れた意見を出せる雰囲気を醸成することです。リーダーが50％くらい納得したら実行してみるのです。それ以下なら責任を持つのは難しいですし、90％納得するようなアイデアなら自分でも思いつきます。50％くらいが一番面白いところで、リーダーは、それを採用する勇気を持ち、それの成功確率を上げる努力をメンバーと一緒に行う決意を持つことです。そうすることで、メンバーたちは自由な発想で議論し、自らの力を十分に発揮し、組織の風通しも良くなり、良い成果を出しやすい組織に変えていくことができるのです。

　社員たちが方向性を間違え、成果に結びつかない無駄なエネルギーを使い、不平不満が溜まるという悪循環に陥ってしまうことは何としても避けなければなりません。成果目標を実現させ、熱気と一体感のある組織をつくり上げるためには、ビジョンを示し、さまざまな社員たちの意見を聞き、会社の方向性と社員それぞれの役割を伝え、組織の壁を取っ払い、いわゆる横の連携を生み出す施策や、若手の意見の登用等のいろいろな施策を実施していく必要があります。

　自らの信念に基づいたビジョンの達成を全力で追求していくために

は、経営者は、社員たちから好かれようとしすぎても、嫌われることを
恐れてもいけません。トップが孤独に耐えられないようでは、経営者は
務まらないと思います。そして、風通しの良い組織づくりを常に忘れな
いことです。

　組織を統制するには王道と覇道[4]がありますが、大企業でも小規模な
企業でも、経営者は、王道、すなわちトップの徳による指導力により社
員を導いていくことが必要であると思います。したがって、経営者は、
自らの徳を磨き続ける努力を継続することが不可欠です。すなわち、組
織は、リーダーによって変わり、組織はリーダーの器以上にはならない
とすれば、核となる存在であるリーダーの人間力の大きさは、企業の持
続的な成長と中長期的な企業価値の向上に大きな影響があるということ
です。リーダーのマネジメント力や社員を引っ張り上げていく徳は、
リーダーが、自分を律し、誰よりも熱心に努力を継続し、自分自身の問
題点を改めることで磨かれるものであり、リーダー自身が変わっていく
ことで組織を変えていくことができます。「悟道」の精神で、リーダー
自身が成長するための努力を継続することで、企業の持続的成長につな
がるのだと思います。

　ビジョナリー・カンパニーを標榜し、組織の壁に風穴を開け、横断的
な組織づくりを進め、全員がバラバラでなく力を合わせることは、単に
「ベクトルを合わせる」という意味ではありません。たとえ個々の細か
な考え方は違っても、会社全体に貢献する個であれば尊重し、個性を活
かしたうえでバランスをとりながらビジョンの実現を目指すことが重要
です。

　素晴らしいリーダーは自分自身の「人間力」を研鑽するだけでなく、

---

4 孟子によれば、「覇道」とは武力や策略で治める覇者の道であり、「王道」とはトップの徳による
　指導力で治める王者の道であることを指します。

人材育成に全力を注ぎ、お互いの「人間力」を高め、熱気と一体感のある組織をつくり上げていくのです。

　リーダーも社員も、「悟道」で見極めた本道を「莫煩悩」⁵の精神で徹底して取り組めば、必ず道は開けます。

5　「莫煩悩（煩悩するなかれ）」とは禅の言葉で、北条時宗が元に攻められたときに、彼の師である禅僧の無学祖元から言われた言葉です。やるべきことが決まれば、あれこれ考えず徹底してそのことに対峙することが大切です。

ワーク編

このワーク編では、経営ビジョン・経営計画を実務的・実践的に策定・推進するためのワークシートの記入方法について解説します。各自で検討したうえでグループディスカッションを行うことで、議論をより深めることができると考えています。

組織全員が、未来志向で、自ら考え、行動し、結果に責任を持って経営計画を推進するために、このワークシートを利用してください[1]。

〈自社の事業について〉

自社の事業は何かについて、具体的に記入してください。なお、自社の事業が何かを検討するにあたっては、顧客の視点から、自社の事業の本質は何かを考え、記入してください。

（記入欄：事業について）

（記載事例）
- ○○分野を中心とした○○機器の製造・販売を行う事業
- ○○技術を中心とする製品・サービスの供給を通じて、トータルソリューションを提供する事業

---

1 なお、本書のワークでは読者の理解を助けるため記載事例を記載しておりますが、より理解を深めるために、内閣府の知的財産戦略推進事務局の経営デザインシートの活用例なども参考にしてください。(https://www.kantei.go.jp/jp/singi/titeki2/keiei_design/index.html)

ワーク I
経営環境変化の本質と
自らの道を考える

 WORK
経営環境変化

　経営環境変化の検討により、経営環境変化の本質を知り、自らが進むべき道を見極めてみましょう。

　自社を巡る経営環境の変化と思われる事象やその原因等について、以下の手順で検討してください。

　①各自で5分間程度検討し、記入欄に記入する。

　②15分間程度グループディスカッションを行い、検討を深める。

　③グループでの検討結果を5分間程度でまとめ、記入欄に記入する。

（記入欄：経営環境変化）

（記載事例）経営環境変化について
- ESGやSDGsに対する社会的要請・関心の高まり
- デジタルトランスフォーメーションの進展
- AIを駆使した業務の自動化
- 自動運転の実現
- ……

　将来の経営環境変化をもたらすさまざまな要因の中には、証券市場の株価のように瞬時に結果が表れる出来事もありますが、ある一定の時間差で影響が表れる出来事もあります[2]。変化の原因と結果とにどの程度の時間差があるかを正確に予測できないこともあるかもしれませんが、変化の原因となる出来事の本質を理解すれば、将来起こりうる変化の結果に関する仮説を提示することができます。

■ 変化の原因となる出来事と変化との時間差

変化の本質

（変化の原因となる出来事） 人口の変化 技術革新 環境の変化など

時間差

変化 （変化の結果・影響）

　企業が持続的な成長を実現するためには、常に激変し続けている経営環境の本質を知り、時代の流れを先取りしたビジネスを展開していく必要があります。自分の進むべき道はどのような変化に適合し、あるいはどのような変化を創造し、どのようなチャンスとして活かしていくのかを見極めるために、変化の原因となる世の中で起こっているさまざまな出来事と結果の因果関係の時間差等をヒントに、経営環境変化の本質を検討し、分析してください。

2　常に変化することを前提にして、変化を予測し、企業が進むべき方向性を決断する必要があります。例えば、ドラッカーは、「人間社会において、唯一確実なものは、変化である。」（ドラッカー［1995a］76頁）と述べています。出来事と結果として表れてくる影響との時間差という「すでに起こった未来」については、ドラッカー［1995b］（「第11章　未来を今日築く」）を参照ください。

🔍基本の解説 変化の本質と 変化との因果関係の例

　変化の本質を知るうえで、予見できる将来と、そうでない将来の違い
を理解しておく必要があります。

■ リスクと予測可能性の分析

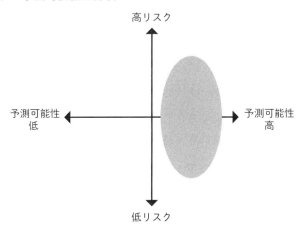

　例えば、競馬の世界では、過去の戦績、当日の天候や馬の状態等から
馬券を購入し勝負に挑むことになりますが、これはあくまで予想であ
り、確実に勝つことはできません。しかし、この競馬の予想のように確
実な予測ができない将来ばかりではなく、ある程度正確に予測できる将
来が存在しています。変化の本質を捉え、変化を予測するため、一般的
な経営学の教科書では、以下のような変化の原因となる出来事をヒント
にすることができると記載されています。

(1) 人口の変化の例

　人口のような自然的与件の変化は、時間の経過に伴う一定速度で連続的であるため、10年後のアジアの人口や、日本における10年後の60歳の人口等は、戦争や天変地異等の非常事態が発生しない限り、その将来の変化をある程度正確に予測することができます。日本の出生率の低下という原因から超高齢社会という結果が表れるまでには長い時間差がありますが、10年後、20年後の影響をある程度正確に予想することができます。このような人口変化の予測から、世代毎の教育市場、レジャー市場等に影響する人々の自由時間市場の変化も予測することができます。

(2) 技術の変化の例　①画像を記録する

　フイルムカメラ市場は、デジタル技術革新による新製品が出現し始めていた1980年代初め頃には将来的な市場の消滅リスクが予測されていましたが、実際にフイルムカメラ市場が激減し、デジタルカメラやスマートフォンカメラ市場に置き換わるという結果に至るまでは、10年以上の時間差がありました。フイルムカメラの淘汰という経営環境変化の時間差において、フイルムカメラ市場の衰退とともに倒産していく企業もあれば、ディスプレイ用の高機能材料等の新たな事業を立ち上げ、フイルムカメラ市場衰退後も成長していく企業もあります。

(3) 技術の変化の例　②音楽を持ち歩く

　「音楽を持ち歩く」というコンセプトのウォークマンを持って、買ってきたレコードやCDから録音した音楽テープを外出先で楽しむというスタイルが、記憶媒体や通信関係等の技術革新によって新規の参入が起こり、新しい商品・サービスへと形態が変化しました。例えば、音楽の記憶媒体が携帯電話等に変化し、音楽をダウンロード等の方法で入手す

る、あるいは購入せずにストリーミング等で一定期間利用する権利を購入するサブスクリプションという新しいサービスにより音楽を楽しむという現状のスタイルに変化するまでには、長い時間差がありました。

(4) 技術の変化の例　③自動運転

　例えば、AI、ロボット、ICT、IoT等の技術革新により実現する新しい社会（Society 5.0）[3]において新しい市場や需要が創造される一方、自動化や効率化等により、将来においてなくなっていく仕事や職業があることが予想されています。

　一方で、完全な自動運転が実現し、通勤やレジャー等の移動中の自由時間が増加し、移動時間における教育、ゲーム、音楽、エンターテインメント、運動、持ち帰りの食事、ビューティー、リラクゼーション等の自由時間市場が、現在より大きく成長することも予想されますが、それには時間差があることが予想できます。

(5) 地球温暖化等の気候変動の例

　温室効果ガスの排出の増加により引き起こされる気候変動が、深刻な被害をもたらす災害を増加させることが問題となっています。しかし、問題が指摘されてから実際にフロンガスの使用禁止、ガソリン車の規制等の二酸化炭素の排出量関係の規制、レジ袋の有料化、リサイクル規制等の環境規制の強化、太陽光等自然エネルギーの発電や蓄電池の普及までには、時間差があります[4]。

---

3 Society 5.0（ソサエティ5.0）とは、内閣府の第5期科学技術基本計画において提唱された、狩猟社会（Society 1.0）、農耕社会（Society 2.0）、工業社会（Society 3.0）、情報社会（Society 4.0）に続く、わが国が目指すべき未来社会の姿として、サイバー空間（仮想空間）とフィジカル空間（現実空間）を高度に融合させたシステムにより、経済発展と社会的課題の解決を両立する、人間中心の新たな社会（Society）をいいます。

(6) 産業構造やビジネスモデルの変化の例

アメリカで主流となっていた日常生活で必要なものを総合的に扱うウォルマートなどの大規模な総合スーパーが、日本市場で普及するまでには、時間差がありました。他の国・他の市場・他の業種ですでに起こっている変化によって、時間差で自社の事業に影響が表れる出来事があります。

また、インターネットの普及やスマートフォンの出現に伴い、百貨店等の店舗ビジネスの苦戦と、アマゾンや楽天市場などのBtoC-EC（消費者向け電子商取引）市場規模の著しい成長という産業構造やビジネスモデルの変化が生じたり、ソーシャルゲームが著しく成長したりするまでには、長い時間差がありました。

(7) 文化・生活様式の変化の例

日本において、畳に座る生活様式から机とイスの生活様式が定着するまでには、時間差がありました。新型コロナウイルスのパンデミックから、新しい生活様式が定着し新しい社会に変化するまでには、時間差があるでしょう。

将来の変化をもたらす出来事については、上記のような教科書的な内容以外にも数えきれない出来事がありますので、自社の事業に関係する具体例をできるだけ多く列挙し、経営環境の変化を検討してみてください。

---

4 例えば、2006年10月30日に発表された「スターン・レビュー（Stern Review）」では、地球温暖化（気候変動）対策を行わなければ、2050年頃までに、世界的にGDP（国内総生産）は最低5%、最高で20%減少すると予想し、また、世界的にGDPの1%の気候変動対策コストを使い、気候変動対策を行った場合、気候変動の多くの被害を回避できることによる利益が必要な対策のコストを圧倒的に上回るという予測が報告されていましたが、気候変動対策は進まず、気候変動はますます深刻化しています。
　気候変動に関する政府間パネル（IPCC）等から、気候変動とそれに伴う経済社会への甚大な影響に関する予測が次々と公表されており、将来の気候変動による経済社会への影響や気候変動規制強化に伴う企業活動に与える影響の予測は、各企業の経営判断において、ますます重要性が増してきています。

↰ ステップアップに向けて

イノベーションのための
将来への準備と行動経済学

　将来の予測ができたら、人間は誰でも、合理的に将来に対する準備を始めるのでしょうか。人間は誰でも、未来を切り開くために、今、何をすべきかを判断し実施するというような合理的な行動を実行できているのでしょうか。

　例えば、イソップ童話のアリとキリギリスの話があります。食糧がなくなる冬に向けて準備が必要であるにもかかわらず、キリギリスは、食糧がたくさんある夏に、近視眼的に、音楽を奏でて楽しい時間を過ごすことを優先させています。若いときに暴飲暴食を繰り返し、年をとり、病気になってから健康のありがたさを初めて実感する人も少なくありません。見たい映画を鑑賞し、美味しい食事を楽しむことを優先し、スキルアップのための勉強やダイエットを先延ばしにするといったことはないでしょうか。

　このように、人間は、長期的に重要なことがわかっていても、嫌なことは先送りにし、目先の利益に飛びつくといった近視眼的な行動をとることがあります。こうした「時間的非整合性（短期的な近視眼性）」と呼ばれる性質など、人間が合理的には行動できないことについて明らかにした多くの行動経済学の研究成果に注目が高まってきています[5]。

　株主も経営者も社員も消費者も、人間であれば誰にでも、長期における合理的な選択ではなく近視眼的な選択をするという「気持ちの問題」が起こる可能性があります。すなわち、企業経営の危機が迫ってきているような状況における現実の企業の行動選択においても、「今は何もし

ないで楽をする」という目先の利益に飛びつき、「課題の本質を見極め、真の解決策を見出し、粘り強く努力する」といった困難が伴う行動を先送りするという近視眼的に行動するリスクに常にさらされているのです。

　そのため、どうすれば目的達成できるかを考え、今やるべきことに取り組んでいくという当たり前のことを当たり前に実行することを、組織全員に浸透させることは、企業を持続的な成長に導いていくことが求められるリーダーの重要な役割です。

　悔しさを忘れないように薪の上に寝て苦い肝をなめたという「臥薪嘗胆」という故事がありますが、人は、つらいことを経験しても、時がたてば忘れてしまいやすいものです。目標を達成するためには、苦しい時代のことを忘れず、努力をすることも大切なことです。

　そして、経営者は、近視眼的に行動してしまいがちな人間の本質を良く理解し、長期的な視点で今実行すべきことを着実に実施することが社員自身のためになることに気づきを与え、どうすればできるかを社員自らが考えるように、組織全員を教え導くことが重要なのです。

5　古典派経済学の、家計の行動における将来と現在の異時点間の最適消費配分決定の均衡条件は、時間選好率（rate of time preference：将来の消費の価値と比べ、現在の消費の価値を好む程度）と利子率の均衡であると説明されます。しかし、将来を確実に予測できない現実の意思決定における将来と現在という異時点間の「時間選好」や、変化に対する「リスク選好（一定のリターンを得るために許容できるリスクの大きさに関して好む程度）」等について、「プロスペクト理論」「心理勘定」等の行動経済学の研究成果により、現実の人間が必ずしも合理的に行動していないことが、次々と証明されてきています。

ワーク2

先見性のある経営ビジョンを考える

WORK　**先見性のある経営ビジョン**

(1) 将来ビジョン

将来ビジョン等について、以下の手順で検討してください。

①各自で5分間程度検討し、記入欄に記入する。

②15分間程度グループディスカッションを行い、検討を深める。

③グループでの検討結果を5分間程度でまとめ、記入欄に記入する。

将来ビジョンは、将来の会社の実現可能なあるべき姿、ありたい姿をイメージして考えてください。どのようなお客様（市場）に対して、どのような技術で、どのような財・サービスを、どのような満足を提供しようとしているかなど、将来の展望を描くとともに、チャレンジングな目標を考えてみてください。

（記入欄：将来ビジョン）

（記載事例）将来ビジョン

● ○○発最強の技術商社

(2) 中期ビジョン

　（1）で実施した将来ビジョンを念頭により具体的に数値目標等を入れた中期ビジョンについて、以下の手順で検討し、作成してください。

　①各自で5分程度検討し、記入欄に記入する。

　②15分程度グループディスカッションを行い、検討を深める。

　③グループでの検討結果を5分程度でまとめ、記入欄に記入する。

（記載事例）中期ビジョン
T720　目標年度○○○○年
中期ビジョンの説明
　　T…T社のT
　　7…目標連結売上高700億円の7
　　2…目標連結経常利益20億円の2
　　0…「不良債権・未回収債権」「不良在庫」ゼロの0

（記載事例）中期ビジョンの基本方針
- AI・ロボット・5G・メディカル・電池等の成長分野のさらなる強化
- 新規商材の発掘、新規顧客の開拓、既存顧客の深掘りによる「新規需要の開拓」
- ソリューション営業への注力
- 全社横断的プロジェクトの活性化
- 人材育成と組織の活性化
……

（記入欄：経営ビジョン）

経営ビジョン	＿＿＿＿年度　　作成日：　　年　　月　　日

Ⅰ. 事業の内容

Ⅱ. 将来ビジョン

Ⅲ. 経営環境変化の分析

Ⅳ-1. 中期ビジョン　　　　　　　　Ⅳ-2. 基本方針

Ⅳ-3. 重点施策

	重点施策	当年見込	＋3年目標
①			
②			
③			

105

事業が何かは、顧客が決定するといわれています。顧客が、企業の提供する製品・サービスに価値があると考え購入しない限り、事業は成立しないからです。すなわち、ビジネスの世界における自社と顧客との関係がギブアンドテイク（give-and-take）であると仮定すると、自社の顧客に対する供給価格（顧客からいただける成果）以上、ライバル企業の顧客に対する貢献以上の付加価値を創造し、自社の顧客に提供し続ける必要があります[1]。

■ 貢献と成果の関係

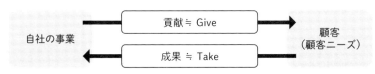

顧客の期待を超える付加価値を創造するためには、変化の本質を知り、企業が進むべき方向や目的を見極める必要があります。しかし、変化の本質を知り、進むべき方向を知っていても、変化に対する準備ができていなければ企業は存続できません。そのため、経営者が先見性のある経営ビジョンを示し、具体的な施策と組織全員の行動に結びつけていく必要があります。

変化の本質を見極め、自社の強みを活かし、顧客の期待を超える付加価値を創造するための先見性のある経営ビジョンについて、検討してください。

---

[1] 顧客から得られる事業の成果が何かについては、売上や利益等といった客観的に測定可能な指標とそうでない指標、短期的な指標と長期的な指標などの多面的な視点から検討する必要があります。

🔍 基本の解説
先見性のある経営ビジョンと
付加価値の創造

　経営ビジョンとは、将来の挑戦的な企業の理想像（構想、展望）をいいます。そして、3〜5年先のあるべき姿を表す中期ビジョンでは、数値等で具体的に将来像を示すことができます。強い意欲を持ち一生懸命に取り組んでも、組織がバラバラであったり方向性を間違えていたりしていては成果につながりにくいため、組織の将来のあるべき姿を示すことはとても重要です。

　どのようなビジネス、経営環境でも、顧客ニーズに合った付加価値を創造し、提供できるかで経営は決まります。すなわち、顧客の期待を超える付加価値を創造するために、具体的な顧客、顧客ニーズ、提供方法を明確にして、実行すべき重点施策を決定する必要があります。

■ 先見性のある経営ビジョンで明確にすべきポイント

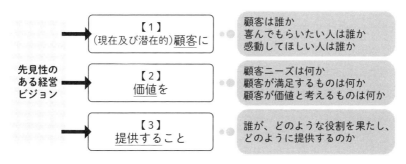

　顧客が誰かを検討するにあたっては、どのような顧客に高いレベルで貢献でき、喜び、感動してもらえるかという問いに答えられる具体的な

顧客を明確にする必要があります。そして、既存の顧客だけでなく、潜在的な顧客（新規顧客）についても明確にする必要があります。

　顧客が心から喜ぶもの、顧客が本当に望んでいるものは何かという顧客ニーズの検討にあたっては、顕在化している（顧客自身が気づいている）顧客ニーズだけでなく、潜在的な（顧客自身が気づいていない）顧客ニーズについても考える必要があります。顧客がまだ気がついていない課題の解決策や潜在的なチャンスを活かす方法などの提案等を行うソリューション営業は、顕在化した顧客ニーズに対応するだけの御用聞き営業に比べ、顧客に対し高い付加価値を提供することができます。

■ 御用聞き営業とソリューション営業の付加価値の違い

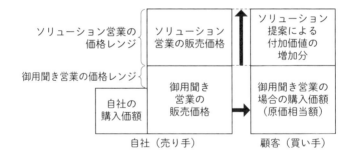

↖ステップアップに向けて

イノベーションの実現と
ビジョナリー・カンパニー

　事業とは、時代の流れやお客様のニーズの変化に対応し、新たな発展
する道に導き、人材を育成し、顧客が満足する財・サービスを提供し続
けることをいいます[2]。したがって、本来、事業は、変化に対応した新た
な発展を導く正しい道理に基づいて推進していく必要があります。企業
が正しい道理をもって本当に世の中に役に立ち続けることができなけれ
ば、一時的に咲き誇ることはできても、長期において存続できないとい
うことは歴史が証明しています。実際、長期間存続している企業の多く
は、正しい道理で、人々の夢の実現など社会に役に立つ経営理念[3]、ミッ
ション[4]、経営ビジョンを掲げている企業が少なくありません。

　例えば、渋沢栄一は、「富を成す根源は何かといえば、仁義道徳、正
しい道理の富でなければ、その富は完全に永続することが出来ぬ」[5]と述
べています。また、ビジョナリー・カンパニーと、株主価値や利益の最
大化を最大の目標にする企業と、どちらの方が中長期的な企業価値を向

2　例えば、易経では、事業について「眼に見えぬ実在（形而上）が『道』、それが形となって表われ
た現象（形而下）が『器』である。現象が相互に作用してさまざまに変化することが『変』であ
り、変化することによって新たに発展することが『通』である。そして、この『通』の理によっ
て民を導くこと、これが『事業』である」（「易経 繋辞上伝」丸山訳［1996］258～269頁）と
定義されています。
3　経営理念とは、企業の存在意義、企業経営のあるべき状態、理念的な目的などを表した根本的・
基本的な考え方をいいます。
4　ミッションとは、企業が達成すべき重要な任務・役割・使命をいいます。企業が長期にわたって
存続・成長するためには、激変する経済環境とともに変化する要請に応えて使命を遂行する必要
があります。例えば、「新たな技術等で、お客様（社会）の困りごとを解決する財・サービスを提
供したい」、「現在の財・サービスでは満たされていない欲求を満たす便利な財・サービスを新た
に提供し、世の中をより豊かなものにしたい」など、事業に対する強い使命感・思いを持つこと
が企業の持続的な成長においてとても重要です。
5　渋沢［1985］「処世と信条」22頁。

上させているかについて比較したときに、ビジョナリー・カンパニーは「確かに、利益を追求してはいるが、単なるカネ儲けを超えた基本的価値観や目的といった基本理念も、同じように大切にされている。しかし、不思議なもので、利益を最優先させる傾向が強い比較対象企業よりも、ビジョナリー・カンパニーの方が利益を上げている」という調査結果が報告されています[6]。

　先見性のある経営ビジョンを掲げ、変化への「危機感」と人の役に立つ新しい付加価値の創造に「挑戦する喜び」を共感する仲間を増やすということは、「個人の欲求」[7]の充足と「組織の成果」との両立を図ることにつながるのです。

　持続的な成長を実現させる経営者は、正しい道理から導き出される経営ビジョンを掲げ、社員を正しい道へ導き、イノベーションを創出することが自分のためになるという気づきを与え、新しい付加価値の創造に挑戦する喜びを教え続けています。

6　コリンズ他［1995］12 頁。
7　「自分のためになる」という個人の欲求は 1 つとは限りません。
　　例えば、マズロー（Maslos）の欲求階層説では、人間の欲求を、生理的欲求、安全欲求、所属と愛の欲求、尊敬と自尊心の欲求、自己実現欲求という 5 つの階層構造として捉え、下層の欲求が充足された後に上層の欲求が強くなり、既に充足された欲求は動機づけ効果が薄れ、まだ満たされていない上層の欲求が新たな動機づけとなると説明しています。
　　このことを企業に置き換えると、経営環境変化に伴う危機感を共感し、社員の生活の危機を回避し、企業存続の危機を回避すべく努力することは、社員の生理的欲求、安全欲求、社会的欲求の充足につながります。また、正しい道理で世の中に役に立つことに挑戦する喜びは、さらに上層の欲求である「尊敬と自尊心の欲求」や「自己実現欲求」の充足につながります。

顧客の期待を超える付加価値の
創造への強い意欲を考える

◆ WORK

顧客の期待を超える
付加価値の創造

（1）顧客、（2）顧客ニーズ、（3）製品・サービス、（4）市場（顧客）における地位について、以下の手順で検討してください。

①各項目について、各自で5分間程度検討し、記入欄に記入する。

②各項目について、15分間程度グループディスカッションを行い、検討を深める。

③各項目について、グループでの検討結果を5分間程度でまとめ、記入欄に記入する。

(1) 顧客

現在と将来における自社と競合他社の顧客が誰か、その顧客に対してどのような強みがあり、自社の強みを発揮するために何を実施すべきかについて検討してください[1]。

---

1 「顧客は誰か」「誰が買うか、どこで買うか、何のために買うか」については、ドラッカー
　　[1996a]「第6章　われわれの事業は何か。何でなければならないか」、ドラッカー[1995b]
　　「第6章　顧客こそ事業である」を参照ください。

（顧客は誰か）

		自社	競合他社
(1)顧客	現在	どのような顧客に対して、強みがありますか。その強みを発揮するために、今、何をすべきですか。	競合他社は、どのような顧客に対して、強みがありますか。
		【記入欄】	【記入欄】
	将来	将来、どのような顧客に対して、どのような強みを発揮する必要がありますか。その強みを発揮するために、今、何をすべきですか。	競合他社は、どのような顧客に対して、どのような強みを発揮すると予測しますか。
		【記入欄】	【記入欄】

！POINT

　まず、自社の事業において、自社の事業のターゲットとする顧客、すなわち自社が提供する製品・サービスに満足してもらうべき方は誰かを明確にする必要があります[2]。明確にすべき顧客は、1つに絞られるとは限りません。例えば、製品をスーパーマーケットに販売し、一般消費者が購入するという商流の食品メーカーであれば、第一の顧客であるスーパーマーケットと、第二の顧客である一般消費者という複数の顧客が誰かを知ることが重要になります。顧客によっては、顧客の担当者のニーズに加え、その上司のニーズが何かを知ることが重要な場合もあります。そして、顧客が誰かについては、市場はどこか（どこで買われるか）、どんな使い道か（何の用途で買われるか）等の多元的な視点で検討することにより、より深く分析することができます。

2　例えば、ドラッカーは、「事業の目的は、顧客の創造である。買わないことを選択できる第三者が、喜んで自らの購買力と交換してくれるものを供給することである。」と述べています（ドラッカー［1995b］126頁）。

(2) 顧客ニーズ

現在と将来における自社と競合他社の事業の顧客ニーズが何か、その顧客ニーズに対してどのような強みがあり、その強みを発揮するために何を実施すべきかについて検討してください。

（顧客ニーズは何か）

		自社	競合他社
(2)顧客ニーズ	現在	どのような顧客のどのような顧客ニーズに対して、どのような強みがありますか。その強みを発揮するために、今、何をすべきですか。	競合他社は、どのような顧客のどのような顧客ニーズに対して、どのような強みがありますか。
		【記入欄】	【記入欄】
	将来	将来、どのような顧客のどのような顧客ニーズに対して、どのような強みがありますか。その強みを発揮するために、今、何をすべきですか。	将来、競合他社は、どのような顧客のどのような顧客ニーズに対して、どのような強みがありますか。
		【記入欄】	【記入欄】

！POINT

自社のターゲットとする顧客の期待を超える付加価値を創造するためには、自社が提供できる付加価値は何か、顧客ニーズが何かを明確にする必要があります。例えば、「工場では化粧品をつくる。店舗では希望を売る」[3] というように、購入しようとする製品によって得られると信じる便益（ベネフィット）の期待値が何かを知る必要があります[4]。そし

---

[3] レビット［2002］8頁。
[4] 短期的な株式売買等のような金融取引であれば、将来の時価変動予想だけで利益を得ることができることもあります。しかし、事業取引においては、顧客に価値を提供し続けない限り中長期にわたって企業価値を向上させることはできません。
　例えば、松下幸之助氏は、「商いの原点は、どうしたら売れるのか儲かるかではなく、どうしたら人びとに心から喜んでもらえるかである」「商売とは、感動を与えることである」と述べています（松下［1996］48頁、28頁）。

て、顧客に感動を与えるためには、顧客自身が気づいている顕在化している顧客ニーズだけでなく、顧客自身が気づいていない潜在的な顧客ニーズが何かを明確にすることが大切です。顧客ニーズは、自分たち企業側の都合で考えるのではなく、顧客の立場に立ち、顧客は何を必要としているのかという視点で考えてみてください。

(3)製品・サービス

　自社と競合他社の製品・サービス（技術、ブランド力、生産プロセス、生産性、コスト競争力、販売方法等）は、どのような強みがあり、その強みを発揮するために何を実施すべきかについて検討してください。

（製品・サービスは何か）

		自社	競合他社
(3)製品・サービス	現在	現在、自社の製品・サービス（技術、ブランド力、生産プロセス、生産性、コスト競争力、販売方法等）の強みは何ですか。その強みを発揮するために、今、何をすべきですか。 【記入欄】	現在、競合他社の製品・サービス（技術、ブランド力、生産プロセス、生産性、コスト競争力、販売方法等）の強みは何ですか。 【記入欄】
	将来	将来において、自社の製品・サービス（技術、ブランド力、生産プロセス、生産性、コスト競争力、販売方法等）の強みは何ですか。その強みを発揮するために、今、何をすべきですか。 【記入欄】	将来において、競合他社の製品・サービス（技術、ブランド力、生産プロセス、生産性、コスト競争力、販売方法等）の強みは何ですか。 【記入欄】

POINT

　製品・サービスは、どのような強みを発揮し、顧客にどのような便益

（ベネフィット）をもたらして貢献するのかを明確にする必要があります。すなわち、顧客が自社の製品・サービスを購入することで、その顧客が得られる価値は、他社の製品・サービスに比べどのような強みを発揮すべきなのかを検討する必要があります。

(4) 市場（顧客）における地位

　自社の製品・サービスの市場における地位と自社の強みを分析したうえで、技術革新等により、将来の市場における地位等がどのように変化するか、また、そのうえでどのような強みを発揮するために、何を実施すべきかについて検討してください[5]。

（自社の市場（顧客）においてどのような地位か）

		自社	競合他社
⑷技術革新・新製品・新サービス	現在	現在の自社の顧客（市場）におけるシェアはどれくらいで、顧客（市場）においてどのような地位にいて、どのような強みがありますか。その強みを発揮するために、今、何をすべきですか。	現在の競合他社の顧客（市場）におけるシェアはどれくらいで、顧客（市場）においてどのような地位にいて、どのような強みがありますか。
		【記入欄】	【記入欄】
	将来	技術革新等により、自社の顧客（市場）におけるシェアや顧客（市場）における地位はどのように変化しますか。また、そのうえで、どのようなチャンスを活かし強みを発揮する必要がありますか。その強みを発揮するために、今、何をすべきですか。	技術革新等により、競合他社の顧客（市場）におけるシェアや顧客（市場）における地位はどのように変化しますか。また、そのうえで、どのようなチャンスを活かし強みを発揮しますか。
		【記入欄】	【記入欄】

---

[5] イノベーションやマーケティングにかかわる目標については、ドラッカー［1996a］「第7章　事業の目標」、ドラッカー［1995b］「第6章　顧客こそ事業である。」を参照ください。

！POINT

　今までと同じことを繰り返しているだけでは、限界的な利益しか得られなくなります。それどころか、市場そのものが消滅してしまうかもしれません。企業が存続し続けるためには、将来の変化に先手を打ち、付加価値を創造しなければなりません。そのためには、現在の市場における自社の強みや地位を踏まえ、自社の強みを活かして創造すべき将来の新しい市場（顧客）における地位の目標と、具体的な施策を明確にする必要があります。

基本の解説　顧客ニーズの分析

　多くのマーケティングテキストで取り上げられている「ドリルを買う人が欲しいのは、ドリルではなく、（自分の欲するサイズの）「穴」である」という有名な言葉があります[6]。顧客ニーズについては、プロダクトの視点ではなくマーケットや顧客の視点で考える必要があり、一般的な経営学の教科書では、以下のような顧客ニーズに関する分析の例が記載されています。

(1) 鉄道会社の顧客ニーズの例

　鉄道会社の顧客ニーズを、鉄道輸送というプロダクトの視点に固執してしまったため、アメリカの鉄道会社が衰退してしまったという事例分析が有名です。顧客の視点に立ち、移動サービスという視点で考えれば、バス、タクシー、トラック、飛行機等を含めた総合的な移動サービスの提供を検討することができます。また、視野をさらに広げて理想のライフスタイルサービスという視点で考えれば、移動、住宅、教育、スポーツ、ショッピング、エンターテインメント、ホテル等の総合的なライフスタイルサービス提供による付加価値の創造も検討することができます。

---

[6] 「レオ・マックギブナはこう言っている。『昨年、四分の一インチのドリルが100万個売れた。これは人が四分の一インチのドリルを欲したからではなくて、四分の一インチの穴を欲したからである』人は製品を買うのではなく。製品がもたらすベネフィットに対する期待を買うのである。」の一節（レビット［2002］8頁）。新しい付加価値の創造を発想するためには、ドリルというプロダクトに焦点に合わせるのではなく、穴という顧客ニーズに焦点を合わせることが大切であることを示しています。

(2) 高級自動車メーカーの顧客ニーズの例

　高級自動車メーカーの生産者（の製造部門や技術部門）は、競合他社である自動車メーカーと比較した排気量、加速度等の移動手段としての性能の高さといった、メーカーとしてのプロダクトの視点に立って顧客ニーズや競合他社を考えがちだといわれています。しかし、例えば、高級自動車を購入する主たる顧客の視点に立った顧客ニーズは、他社と比べた車の移動性能の高さ以上に、高級ブランドバッグ、豪華リゾートの休日などと同じように、富の象徴、一流の地位や身分の象徴（ステイタスシンボル）、自尊心を満たす高級感の象徴といったところにあるかもしれません。

　そのことを踏まえると、一流の象徴としての満足感は車の豪華さだけではなく、車の購入後の情報提供等のサービスの顧客満足度の高さ、車のオーナーだけが参加できる高級ゴルフクラブでのゴルフコンペ等が、顧客の自尊心を満たすことに大切な役割を果たすかもしれません。また、さまざまな業種の営業マンが高級自動車を購入する目的は、そのような富裕層と出会うことかもしれません。

(3) ボウリング場の顧客ニーズの例

　ボウリング場の顧客ニーズについても、同様の分析ができます。ボウリング場は、ボウリングというスポーツそのもののサービスのみに固執してしまうと、競合のボウリング場と比べていかにボウリングに関するサービスの優位性を発揮するかという視点にとらわれてしまいます。しかし、ボウリングに関する顧客ニーズを、顧客の視点に立ち、顧客の充実した余暇時間の過ごし方という視点で検討すれば、ゲーム、カラオケ、スポーツ等の幅広いサービス提供による付加価値の創造も検討することができます。

↰ステップアップに向けて
イノベーションの実現と
付加価値創造への強い意欲

　イノベーションを行い、新しい市場（付加価値）を創造し、顧客に驚きと感動を与えるためには、心の底から自分の仕事を好きだと思い、それを実現したいという強い意欲を持つことが不可欠です。どうしても成功させたいという熱意があればこそ、どうすれば問題が解決できるか、どうすれば新しい付加価値の創造ができるかと考え、その答えを探求するために、素直に人の意見を聞き、人々の知恵を集めて、工夫や改善を行うことができます。特に、失敗したときや想定通りにいかないときには、自分の過ちを反省して問題の本質を徹底的に探究し、成功するまで諦めずに地道な努力を粘り強く継続することができます[7]。

　「ビジョナリー・カンパニーがとる最善の動きのなかには、実験、試行錯誤、臨機応変によって、そして、文字どおり偶然によって生まれたものがある。後から見れば、じつは先見の明がある計画によるものに違いないと思えても、『大量のものを試し、うまくいったものを残す』方針の結果であることが多い」[8] という調査結果が報告されています。

　例えば、本田宗一郎氏は、「常識にそった考え方を推し進めていくと、本田技研そのものが立ちいかなくなる。常識を破る、そのことでしか会社の永続はない。私はずっとそう確信してやってきた。」[9] と述べていま

---

[7] 例えば、論語では「子曰く、これを知る者はこれを好む者にしかず。これを好む者はこれを楽しむ者にしかず（論語 雍也 第六）」（久米訳 [1996] 94頁）という言葉があります。「知る」という客体を認識することを超え、「好き」という客体を愛好する気持ちを持つことを超え、客体と一体化し目的達成への努力することに喜びを感じること、すなわち、自らの道を歩み続け行動すること自体を「楽しむ」境地に入ることが、顧客に驚きと感動を与える新しい付加価値の創造を実現する道につながります。
[8] コリンズ他 [1995] 14〜15頁。
[9] 本田 [2005] 134頁。

す。今でもホンダでは、「なぜ、車は愛車というが、冷蔵庫は愛冷蔵庫と言わないのか」等の各種テーマについて、3日3晩の合宿でワイワイ、ガヤガヤとコミュニケーションを深め、自由な発想で議論を深め、ブレーンストーミングを行う会を頻繁に実施しているそうです。

　また、易経には「易窮まればすなわち変じ、変ずればすなわち通じ、通ずればすなわち久し。これをもって天よりこれを祐け、吉にして利ろしからざるなきなり。」[10]という言葉があります。事業の発展は、究極的なところまで達すれば変化し、変化することにより社会の新たな要請に応える新しい事業の道に通じ、その繰り返しにより、永続的に発展を遂げることができるということが世の中の普遍の法則であると解釈すれば、持続的な成長を実現するためには常識を疑い、新たなチャレンジを実践し、変化し続けることが求められます。

　新しい付加価値を創造するイノベーションに結びつく知恵は、自分自身に完全な責任を持ち、日々反省し、現場で泥まみれになりながら、柔軟な発想で試行錯誤を積み重ねた結果でしか生まれてこないものなのかもしれません。

10「易経 繫辞下伝」「易経（革卦）」丸山訳［1996］270〜273頁。

ワーク **4**

高い成果目標とその達成方法
および組織全員の役割を考える

 WORK

高い成果目標とその達成方法 および組織全員の役割

(1) 重点施策とアクションプラン

　ワーク3で実施した顧客ニーズ等の分析結果を踏まえ、アクションプラン（実行計画）を、以下の手順で検討し、作成してください。

　①各自で、成果目標を明確にしたうえで、それを達成するための重点施策とその実行計画について、15分間程度検討し、記入欄に記入する。

　②15分間程度グループディスカッションを行い、検討を深める。

　③グループでの検討結果を5分間程度でまとめ、記入欄に記入する。

（記入欄：重点施策とアクションプラン）

分類	目標テーマ	成果目標数値	重点施策	責任者	区分	アクションプラン（実行計画）			
						+3ヶ月	+6ヶ月	+9ヶ月	+12ヶ月
					計画				
					実績				
					計画				
					実績				
					計画				
					実績				

（2）年度計画書について

　ワーク1〜ワーク4の（1）を踏まえ、年度計画書を以下の手順で検討し、作成してください。

　①各自で、30分間程度検討し、記入欄に記入する。

　②30分間程度グループディスカッションを行い、検討を深める。

　③グループでの検討結果を30分間程度でまとめ、記入欄に記入する。

！POINT

　赤字が継続しているようでは、企業は成り立ちません。企業が存続するためには、資本コスト[1]以上に、利益を獲得し続ける必要があります。

　利益を獲得し続けるためには、イノベーションをビジネス化するという明確な意思を持ち、長期と短期のバランスがとれた経営戦略を中期ビジョンや年度計画に落とし込んでいく必要があります。すなわち、組織の実力値を見極め、常に新しい発想でプラスαを加える具体的な施策を年度計画に落とし込む必要があります。

　年度計画における目標と具体的な施策との合理的な因果関係を明確にし、事業の特性に応じて、得意先別、製品別、市場別、担当者別等に分解した分析を行ってください。

---

1 資本コストとは、市場が期待する収益率であり、一般的には、企業が資本を調達するために必要なコスト（費用）であり、資金提供者である投資家（債権者や株主）に支払う負債コストと株式コストの加重平均（WACC）と説明されています。
　資本の調達コスト以上に、創造した付加価値で成果を出し、持続的な成長を実現するためには、成果目標とその達成方法および組織全員の役割を明確にすることが重要です。

（記入欄：年度計画書）

年度計画書	＿＿＿＿年度＿＿＿＿事業部　作成日：　　年　月　日

Ⅰ. 数値計画（全社）　　　　　　　　　　　　　　　　　　　　　　単位：人・百万円・％

		前々年度 （実績）	前年度 （実績）	当年度 （見込）	翌年度 （計画）	翌々年度 （計画）
損益	売上高					
	売上原価					
	粗利益					
	粗利益率					
	販管費					
	営業利益					
	営業利益率					
その他	人員数					
	粗利益／人					
	棚卸資産					

Ⅱ. 数値計画（製品別）　　　　　　　　　　　　　　　　　　　　　　単位：百万円・％

	前年度 売上高（実績）	前年度 粗利益（実績）	当年度 売上高（見込）	当年度 粗利益（見込）	翌年度 売上高（計画）	翌年度 粗利益（計画）
製品A						
製品B						
製品C						
製品D						
製品E						
その他						
合計						

Ⅲ. 数値計画（得意先別）　　　　　　　　　　　　　　　　　　　　　単位：百万円・％

	前年度 売上高（実績）	前年度 粗利益（実績）	当年度 売上高（見込）	当年度 粗利益（見込）	翌年度 売上高（計画）	翌年度 粗利益（計画）
得意先A						
得意先B						
得意先C						
得意先D						
得意先E						
その他						
合計						

IV. 重点施策の進捗状況（当年度見込）

	重点施策	当年度計画	当年度見込
①			
②			
③			

V. 基本方針（翌年度計画）

VI. 重点施策（翌年度計画：製品別）

	重点施策	当年度見込	翌年度計画
①			
②			
③			

VII. 重点施策（翌年度計画：得意先別）

	重点施策	当年度見込	翌年度計画
①			
②			
③			

VIII-1. 中期ビジョン

VIII-2. 基本方針・重点施策（中期ビジョン）

実力値の分析

適切なレベルの成果目標（受注額、売上高、粗利益等）を設定するために、業種や事業や組織の特性に応じて、得意先別、製品別、市場別、用途別等に細分化した分析を行う必要があります。各事業にとって重要な指標の構成要素を、具体的な行動計画がイメージできるレベルまで分解し、各人がやるべきテーマが何かを見つけ出していくことが重要です。

例えば、市場別の分析であれば、①市場の予想成長率と、②市場における自社の予想シェアに分解し、分析することができます。得意先別の受注金額の分析であれば、得意先毎の受注金額の期待値を、①得意先の発注額の予想成長率と、②得意先の発注額における自社の予想シェアに分解し、分析することができます。

(1) 得意先別の受注金額分析の分解例

表1のように分解して分析すると、得意先の受注金額の期待値が同じ100,000千円でも、①得意先Aは、当年度の予想発注額も自社のシェアも変化していません。②得意先Bは、当年度の予想発注額は増加しているにもかかわらず自社のシェアを大幅に落としているため受注金額は変わりません。③得意先Cは、当年度の予想発注額が減少していますが自社のシェアを大幅に拡大しているため受注金額を維持しています。このように顧客毎の状況の違いが明確になり、顧客毎に何を実行すべきかをより深く検討することができます。

■ 表1　得意先別の受注金額の期待値

(単位：千円)

得意先	昨年度自社の受注実績	昨年度得意先の発注実績		当年度発注額の成長率		昨年度自社の実績シェア		自社のシェア拡大率		当年度受注金額の期待値
得意先A	100,000	100,000	×	100%	×	100%	×	100%	=	100,000
得意先B	100,000	100,000	×	200%	×	100%	×	50%	=	100,000
得意先C	100,000	200,000	×	50%	×	50%	×	200%	=	100,000
合計	300,000									300,000

(2) 得意先別・案件別の受注金額分析の分解例

　得意先別の受注金額の分析は、さらに当該得意先の案件別に分解して分析することができます。例えば、得意先の受注金額の期待値は、表2のように、案件毎の受注確度を、A：100％（受注済）、B：80％（受注見込）、C：50％（引き合いはあるが、受注は不明）、D：10％（営業活動は可能であるが、顧客ニーズ、受注可能性は不明）、E：0％（将来受注につながる可能性がある営業活動等）、といった一定の区分に分解することができます。案件毎の受注確度を分解し、受注見込金額に受注確度を乗じて、案件別に受注金額の期待値を分析することで、案件毎の具体的

■ 表2　案件別の受注金額の期待値の分解例

(単位：千円)

案件	受注確度		予想受注金額	受注金額の期待値	予想粗利益額	粗利益額の期待値
案件1	100%	A：受注済	100,000	100,000	30,000	30,000
案件2	80%	B：受注見込	100,000	80,000	30,000	24,000
案件3	50%	C：引き合いあり	100,000	50,000	30,000	15,000
案件4	10%	D：営業活動可能	100,000	10,000	30,000	3,000
案件5	0%	E：営業活動等	100,000	0	30,000	0
合計				240,000		72,000

な行動計画をより深く検討することができます。

(3) 案件別・受注確度別分析の分解例

さらに、案件別の受注確度も、顧客の発注確度と自社の受注確度に分解して分析することができます。表3のように、受注確度が同じ80％であったとしても、①顧客の発注確度100％、自社の受注確度80％の案件と、②顧客の発注確度80％、自社の受注確度100％の案件とでは、自社の受注活動として、実施すべき事項は異なります。

例えば、①自社の受注確度80％の案件は、自社の受注確度を向上させるためにいかに活動するかが重要であり、②顧客の発注確度80％の案件は、顧客の決定要因を正確に把握し、発注確度を高めていくためにいかに活動するかが重要になります。

■ 表3　案件別の受注確度の分解例

案件	受注確度		顧客の発注確度		自社の受注確度
案件A	80％	=	100％	×	80％
案件B	80％	=	80％	×	100％

(4) 営業時間を考慮した案件別の生産性分析の例

また、案件別の粗利益（粗付加価値）を、営業担当者の予想営業活動時間で除して、案件別の時間当たり粗利益（粗付加価値）を計算し、生産性を分析する手法もあります。

■ 表4　案件別の生産性分析の例

（単位：千円）

案件	受注確度		受注金額の期待値	付加価値の期待値	予想営業活動時間	時間当たり付加価値
案件1	100%	A：受注済	100,000	30,000	1,000	30
案件2	80%	B：受注見込	80,000	24,000	500	48
案件3	50%	C：引き合いあり	50,000	15,000	300	50
案件4	10%	D：営業活動可能	10,000	3,000	300	10
案件5	0%	E：営業活動等	0	0	300	0
合計			240,000	72,000	2,400	30

　それぞれの事業に合った成果の指標を分解して掘り下げて分析していくことは、各人の具体的な役割を明確にするための有効な手法の1つです。

イノベーションと中長期的な企業価値

　企業価値が何かについては、さまざまな見解があります。例えば、企業価値を、企業が将来生み出すキャッシュフローの割引現在価値と捉える見解だけでなく、株主価値、顧客価値、従業員価値、取引先価値、社会的な価値などの総和というように企業価値を広く捉える見解などがあります。

　そして、真の企業価値は、発生時期や測定可能性が異なる成果指標をどのようなウェイトで評価すれば算定できるのか、すなわち、短期的に実現する成果だけでなく、長い時間をかけて実現する成果を正しく評価するにはどうすればよいのかという課題に直面します。例えば、成果の発生時期については、前の経営者が種をまき時間をかけて育てたものが、次の経営者の時代に表れてくるものもあります。そのため、毎期の定量的に測定される成果が、現経営陣の成果なのか前経営陣の成果なのかは、数年間の財務諸表等を見ただけではわからないものも多く存在しています。また、成果の測定可能性については、どれだけ売れるか（売上高等）やどれだけ儲かるか（利益、付加価値等）などの財務指標等で観察可能な成果のほか、技術の蓄積や育成された人材等の無形財産、顧客からの信用、のれん、顧客から受ける感謝の気持ち、世の中にない新しい価値を創造するイノベーションを生み出す組織風土など、測定が困難な成果があります。

■ 企業価値と成果の実現時期と測定可能性

測定可能

財務指標

（過去）　　　　（短期）　　　　（中期）　　　　　（長期）

過去　←　　　　　　　　　　　　　　　　　　　　　　→　将来

非財務指標

（過去）　　　　（短期）　　　　（中期）　　　　　（長期）

測定不能

　そのため、ビジョナリー・カンパニーは、短期的な利益や長期的な利益のどちらか一方を追求するといった二者択一ではなく、両方を同時追求しているという調査結果が報告されています。

　持続的な成長と中長期的な企業価値の向上を実現するためには、経営計画は、短期的で測定可能な成果に偏った近視眼的な目標の実現のみに固執せず、「必要最小限の利益の獲得」という企業行動の制約条件の中でイノベーションを実現させ、短期と長期の目標を両立させることを目指すことが重要ということです。

ワーク 5
「どうすればできるか」、未来志向で考える

 ✏ WORK

どうすればできるか

　実務上の課題について、どうすれば解決できるかの検討を行うにあたり、課題の原因を掘り下げ、課題の本質と実施すべき真の解決策を、以下の手順で、検討してください。

①各自で 15 分間程度検討し、記入欄に記入する。

②15 分間程度グループディスカッションを行い、検討を深める。

③グループでの検討結果を 5 分間程度でまとめ、記入欄に記入する。

（記入欄：課題と原因分析）

問題：
課題：どうすれば、「　　　　　　　　　　　　　　　　　　　」できるのか。

	現象・原因分析 （なぜか）	原因分析 （課題の本質は何か）	対応策 （どうすればできるか）
原因1			
原因2			
原因3			
原因4			
原因5			

（記載事例）課題と原因分析

問題：新規需要の開拓ができない。
課題：どうすれば、新規需要の開拓ができるのか。

	現象・原因分析 （なぜか）	原因分析 （課題の本質は何か）	対応策 （どうすればできるか）
原因1	なぜ、新規需要の開拓が進まないのか。	新規需要の開拓の取り組み方がわからないから。	新規需要の定義を拡大し、既存顧客の他部門の製品販売等も新規需要開拓とし、新規需要開拓のハードルを下げる。
原因2	なぜ、他部門の製品販売による新規需要の開拓が進まないのか。	自部門の製品以外のことを知らないから。	総合パンフレットの作成、総合展示会の開催、部門横断的な会議の実施等を通じて、他部門の製品についての理解を深める。
原因3	なぜ、他部門の製品を理解しても、他部門の製品販売による新規需要の開拓が進まないのか。	組織全員の新規需要開拓の意識が低いから。	相手の立場に立ち、危機感と挑戦する喜びを共感するコミュニケーション(exワイガヤ会等)を継続的に行うことにより、社員全員の意識改革を行い、新規需要開拓に対する意欲を高める。
原因4	…	…	…
原因5	…	…	…

！POINT

　実務上の課題に直面し、計画通りに進捗していないときには、できない言い訳を探すのではなく、どうすればできるかを考えるために課題の原因の分析を行い、実行すべき問題の解決策を見つけ出し、計画通りの成果を実現する必要があります。すなわち、組織全員が、プロダクトの

視点や専門分野の立場で考えるのではなく、顧客の立場に立ち、どうすれば顧客に貢献し、成果を出すことができるかという視点で考えるように、リーダーが考え方を導いていく必要があります。

　成果目標を実現させるためには、できないことを前提条件とするのではなく、日々の業務において直面するさまざまな課題に対し、それぞれの原因の本質を深く掘り下げた分析を行い、実行すべき具体的な真の解決策について、検討する必要があります。

🔍基本の解説　フィードフォワード・コントロールとは

　フィードフォワード・コントロール（フィードフォワード・マネジメント）とは、組織全員が「自ら考え、自ら行動し、結果に責任を持つ」という意識を持ち、経営ビジョン・経営計画等で掲げた目標と予想結果との差異分析により発見した課題について、目標設定の前提となっている常識も疑いながらその本質を見極め、未来志向でどうすれば本来の目的を達成できるかについて検討し、実行・改善を積み重ねていくことで、経営ビジョン・経営計画を実現に導いていくマネジメント手法をいいます。

■ フィードフォワード・コントロール

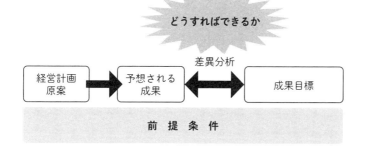

　実務上の課題の原因分析を行うにあたっては、5W1H を自らに問うトヨタ生産方式の「『なぜ』を5回繰り返すことができるか」が有名です[1]。現地現物で、なぜ（Why？）を繰り返し、その原因を5階層以上掘り下

135

げ、真の原因を見極め、課題の本質にたどり着くことで、どのように（How？）すれば解決できるのかという真の解決策を明確にすることができるというものです。

　常に激変する経営環境に対応するためには、「なぜ」を知る必要があります。予想される結果と目標との差異について「なぜ」を繰り返してどうすれば達成できるのかを考え、計画段階で改善し、準備を着実に実行しておかなければなりません。また、顧客に提供すべき付加価値等、目標設定の前提条件を含む目標自体の妥当性から検証を行うという、フィードフォワード・コントロールを行うことが重要です。

　そして、戦略実施過程においても、経営計画の前提条件を戦略実施過程で入手する新たな情報等に基づき修正し、より高い成果の実現を目指すことが重要です。

1　「5W は 5 つの WHY である。『なぜ』を 5 回繰り返せば、本当の要因がわかり、どうすればよいか（HOW）もわかってくる」例えば、ヒューズが切れて機械が止まったときに、真の原因を把握しないままヒューズを交換しても、また同じ発生原因でヒューズ切れが再発し、機械が止まってしまうことになりますが、なぜを繰り返し、機械が止まった真の原因を究明することで、真の解決策を導き出せると説明されています（大野［1978］33〜35 頁、219 頁）。

ステップアップに向けて

イノベーションによる超過利潤と経済学

　中長期的な企業成長を実現するためには、企業者（entrepreneur）が利潤（超過利潤）を獲得する必要があり、そのためにはイノベーションを行い新しい付加価値を創造する必要があります。

　例えば、タピオカやマスクなど、大流行しているからといっても、多くの会社がすでにやっていることを後から全く同じように真似をして販売しているだけで継続して高い利益を獲得し続けるのは、当然ながら難しいといえます。需要が旺盛であれば供給量が増え、いずれ市場価格が下がるからです。この状況を経済学的に考えると、完全競争市場において、生産者は超過利潤がゼロの状態と定義されている均衡点（E）においては、超過利潤を得ることができないということです。

■ イノベーションによる新市場の創造と付加価値の創造

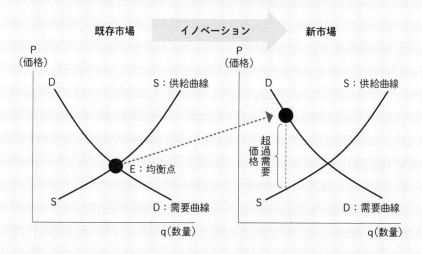

つまり、企業が超過利潤を得るためには新しい市場（需要）を創造し、ある供給量水準における需要者の価格から供給者の価格を差し引いた超過需要価格を発生させる必要があり、財・サービスの何らかの差別化が必要になるということです。そして、この超過利潤を、売り手、買い手、社会に還元することで、売り手良し、買い手良し、世間良しという「三方良し」を実現することができます。

　世の中は無常であるため、経営環境は常に変化します。その結果、常に変化に対応した新しい事業を創造するチャンスが存在している一方、縮小していく既存市場にしがみついているだけでは、事業の存続すら困難になってしまいます。では、超過利潤を稼ぎ出すためのイノベーションを行い、新しい市場（需要）を創造するには、どうすればよいのでしょうか。

　イノベーションは、世紀の大発明のように無から有を生み出すような非日常的なイメージがありますが、企業経営におけるイノベーションは、変化する顧客ニーズに合わせて既存の製品・サービスと何か新しい組み合わせをすることや、既存の製品・サービスを新しい使い道で使用するといった身近で日常的な行動です。そして、新しい組み合わせによるイノベーションがどうすればできるかについていつも考え、誰よりも早く、熱い思いで、労力をいとわず実現させ、成果に結びつけるための行動が不可欠です[2]。

　利潤を最大化するためには、イノベーションによる超過利潤を最大化する必要があります。そのためには、目先の利益追求に結びつくとは限らない、将来の成果を見据えたイノベーションを生み出す努力を行い、新たな市場（顧客）を創造し続けていく必要があります。

2　例えば、スティーブ・ジョブズは「創造性というものはものごとを結びつけることに過ぎない」（桑原［2011］122頁）と言っています。
　また、シュンペーターは、イノベーション（新結合：neue Kombination）を「生産的諸力の結合の変更」と定義しています（伊東他［1993］p128頁）。

危機感と挑戦する喜びを
共感するコミュニケーションを考える

◆WORK
危機感と挑戦する喜びを
共感するコミュニケーション

　危機感と挑戦する喜びを共感し、熱気と一体感のある組織をつくり上げるために、どのようなコミュニケーションを行うのかについて、以下の手順で検討してください。

　①各自で5分間程度検討し、記入欄に記入する。

　②15分間程度グループディスカッションを行い、検討を深める。

　③グループでの検討結果を5分間程度でまとめ、記入欄に記入する。

（記入欄：コミュニケーション）

（記載事例1）CI委員会活動による意識改革と動機づけ

　若手社員を中心とするCI（Corporate Identity）委員会を発足させ、「自分たちの会社は将来どうあるべきか」「そのために今何をすべきか」について自由かつ主体的に検討させ、経営者に提言させることで、自ら考え、自ら行動し、結果に責任を持つという意識改革と動機づけを行う。

（記載事例2）ワイガヤ会の開催

　社員にも自由に発言してもらうとともに、社長の考えを社員に伝えるワイガヤ会を継続的に実施し、社長・社員の立場を超えてワイワイガヤガヤと本音で自由に熱意ある意見交換することで、かしこまった場では出てこないような議論を深め、「見えない部分」の意識改革を行い、「会社を良くするためにこのようなことをしたい」という思いを持った仲間を増やす。

（記載事例3）事業分野別の新しい取り組みの検討会議

　各事業部への新しい取り組みを強化し、現実の成果に結びつけるために、組織横断的な情報交換、部門間連携、成功事例の横展開等、会社としての総合力アップを図るための会議を定期的に実施する。

！POINT

　変化の本質と自らが進むべき道を見極め、先見性のある経営ビジョンを掲げ、付加価値の創造への強い意欲を組織全員に浸透させるためには、有効かつ効率的な内部統制の整備運用に加え、組織全員が危機感と挑戦する喜びを共感し、未来志向で行動できる人材を育てるためのコミュニケーションが非常に重要です。

　中長期的な企業価値を向上させるためには、リーダーは、自分1人だ

けで頑張ろうとするのでなく、また組織全員の体力を消耗させることなく、組織全員の知恵を最大限に活かすことが求められます。組織全員の知恵を最大限に活かすためには、経営者が、普段から相手の立場に立ち、温情を持って組織全員の教育を行うとともに、適材適所で人材を配置し、それぞれの人材の強みを活かす必要があります。人の短所を指摘し、人材を潰してしまうのではなく、人を育て、長所を伸ばし、その人ができる強みを活かし切ることが大切なのです。

　課長、部長、経営幹部、経営者等のそれぞれのポジションの組織のリーダーは、組織全員に危機感と挑戦する喜びを共感し、自社の強みを活かして成果を出していくために、率先垂範でどのようなコミュニケーションを行っていくことが必要であるのかについて、検討してください。

PDCAサイクルと
企業経営のイメージ

　常に変化する企業経営をイメージ図で描くこと自体、概念が固定化してしまい、誤解を生む可能性があります。例えば、PDCA サイクルのイメージを風車の回転で描いた場合、1年に1度回る風車と解釈するのか、1日1度回る風車と解釈するかで、全く捉え方が変わってきます。現実の企業経営において、PDCA サイクルの Do、Check、Action は一体であり、風車のように悠長に回っているようでは、激変する企業環境においてとても対応できないと思います。

　企業経営のイメージ図にかかる解釈の誤解を恐れず、あえて現実の企業経営の現場の実践過程のイメージを図示するのであれば、常に、

■ ビジョンと経営推進

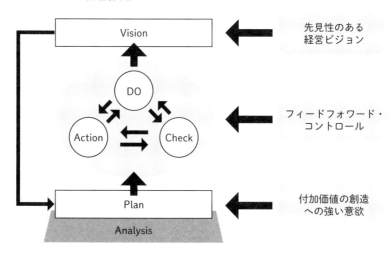

日々、その都度その都度、何度も、Do、Check、Action を繰り返している図のようなイメージが現実に近いのではないかと思います。そして、これを未来志向で行うことが大切です。

ステップアップに向けて

イノベーションのための
コミュニケーションと人材育成

　ビジョンや経営計画が絵に描いた餅になってしまう企業は少なくありません。リーダーが、ビジョンという共通目的を掲げたり正しいことを発言したりするだけで、人が動き、組織が熱気と一体感を持って行動し、イノベーションを実現するわけではありません。イノベーションは、人が実現させるものであり、イノベーションを実現するためにはビジョンを掲げるだけでなく、自らどうすればできるのかと考え行動する人材を育成することが不可欠です。そのため、経営者が相手のためを思い、共感を生むコミュニケーションを行うことにより、根本的な変化や斬新なアイデアを創造する風通しの良い組織づくりがなされることが重要なのです[1]。すなわち、イノベーションを行い、中長期的な企業価値を向上させるためには、①先見性のある経営ビジョン、②付加価値の創造への強い意欲、③フィードフォワード・コントロールという3つの要件を充足させ、人材を育成し続けることが必要なのです。

　バーナード（チェスター・アーヴィング・バーナード、Chester Irving Barnard）は、共通目的、協働意欲、コミュニケーションを組織の3要素と定義し、組織が能力を発揮し、かつ、組織の参加者にとって、誘因（incentive）が貢献（contribution）を上回り続けることが、組織の存続要件であると説明しています。このバーナードの3要素は、

1　例えば、山本五十六は、「やってみせ、言って聞かせて、させてみせ、ほめてやらねば、人は動かじ。話し合い、耳を傾け、承認し、任せてやらねば、人は育たず。やっている、姿を感謝で見守って、信頼せねば、人は実らず。」と述べています。また、デール・カーネギーは「やる気にさせるには（8ほめて2叱る）」と述べています（カーネギー［1958］）。

これまで本書で述べてきた企業を成長させる3つの要件とも重なる部分があります。

■ 企業を成長させる熱気と一体感のある組織づくりの3要件

企業を成長させる熱気と一体感のある組織づくりの3要件	バーナード 組織の3要素
（経営環境変化の本質と自らが進むべき道を見極めた） **先見性のある経営ビジョン**	共通目的
（高い成果目標とその達成方法及び組織全員の役割を明確にした） **付加価値の創造への強い意欲**	協働意欲
（どうすればできるかを考え、危機感と挑戦する喜びを共感する） **フィードフォワード・コントロール**	コミュニケーション

　ビジョナリー・カンパニーに関する調査では、ビジョナリー・カンパニーは、ビジョナリー・カンパニー以外の企業に比べて、社内での経営幹部・後継者育成を重視し、優秀な経営者を社内人材から輩出している確率が非常に高いという調査結果が報告されています。「根本的な変化と斬新なアイデアは社内からは生まれないという一般常識は、何度も繰り返し崩されている。」[2] ということを是とするならば、「社外人材が不在なので斬新なアイデアが生まれない」という考え方は、経営者が実施すべき斬新なアイデアを生むような人材育成や組織風土の構築ができていないことの言い訳に過ぎないということになります。

　中長期的な企業価値の向上を目指す経営者は、経営者が自分自身の「人間力」を研鑽し、イノベーションを創造する後継者人材の育成や、根本的な変化や斬新なアイデアを生み出す組織風土の構築を目指し、じっくりと時間をかけて努力することが重要なのです。

---

2 コリンズ他［1995］15頁。

参考文献

伊東光晴、根井雅弘［1993］『シュンペーター　孤高の経済学者』岩波新書。

江口克彦［2014］『ひとことの力　松下幸之助の言葉』東洋経済新報社。

江口克彦［2017］『松下幸之助はなぜ成功したのか　人を活かす、経営を伸ばす』東洋経済新報社。

大野耐一［1978］『トヨタ生産方式　脱規模の経営をめざして』ダイヤモンド社。

上總康行、澤邉紀生・編著［2015］『次世代管理会計の礎石』中央経済社。

デール・カーネギー・著、山口博・訳［1958］『人を動かす』創元社（Dale Carnegie ［1936］HOW TO WIN FRIENDS AND INFLUENCE PEOPLE）。

久米旺生・訳［1996］『中国の思想 9　論語』徳間書店。

桑原武夫［1982］『論語』筑摩書房。

桑原晃弥［2011］『スティーブ・ジョブズ全発言　世界を動かした 142 の言葉』PHP研究所。

ジム・コリンズ、ジェリー・ポラス・著、山岡洋一・訳［1995］『ビジョナリー・カンパニー　時代を超える生存の原則』日経 BP 社（Jim Collins and Jerry Porras ［1994］BUILT TO LAST - SUCCESSFUL HABITS OF VISIONARY COMPANIES）。

司馬遷・著、和田武司、山谷弘之・訳［1988］『史記IV　逆転の力学』徳間書店。

渋沢栄一・述、草柳大蔵・解説［1985］『創業者を読む①　論語と算盤』大和出版。

朱熹・著、和田武司・訳［1976］『宋名臣言行録』徳間書店。

リチャード・セイラー・著、篠原勝・訳［2007］『セイラー教授の行動経済学入門』ダイヤモンド社。

ピーター・F・ドラッカー・著、上田惇生・訳［1995a］『新訳　経営者の条件』ダイヤモンド社（Peter F. Drucker ［1966］THE EFFECTIVE EXECUTIVE）。

ピーター・F・ドラッカー・著、上田惇生・訳［1995b］『創造する経営者』ダイヤモンド社（Peter F. Drucker ［1964］MANAGING FOR RESULTS）。

ピーター・F・ドラッカー・著、上田惇生・訳［1996a］『新訳　現代の経営（上）』ダイヤモンド社（Peter F. Drucker ［1954］PRACTICE OF MANEGEMENT）。

ピーター・F・ドラッカー・著、上田惇生・訳［1996b］『新訳　現代の経営（下）』ダイヤモンド社（Peter F. Drucker ［1954］PRACTICE OF MANEGEMENT）。

ピーター・F・ドラッカー・著、上田惇生・訳［1996c］『新訳　乱気流時代の経営』ダイヤモンド社（Peter F. Drucker ［1964］MANAGING IN TURBULENT TIMES）。

本田宗一郎［2005］『やりたいことをやれ』PHP 研究所。

松下幸之助・述、江口克彦・記［1996］『松翁論語』PHP 研究所。

丸田起大［2005］『フィードフォワード・コントロールと管理会計』同文舘出版。

丸山松幸・訳［1996］『中国の思想 7　易経』徳間書店。

村山学、守屋洋［2000］『十八史略 V　官僚の論理』徳間書店。

守屋洋［1982］『新釈　菜根譚』PHP 研究所。

守屋洋［1989］『論語の人間学』プレジデント社。

守屋洋、守屋淳［1999］『全訳　武経七書①　孫子・呉子』プレジデント社。

呂新吾、公田連太郎・譯註［2009］『呻吟語（改訂第 5 版)』明徳出版社。

セオドア・レビット・著、土岐坤・訳［1983］『マーケティングの革新　未来戦略の新視点』ダイヤモンド社（Theodore Levitt［1962］Innovation In Marketing - New Perspectives for Profit and Growth)。

セオドア・レビット・著、土岐坤・訳［2002］『レビットのマーケティング思考法　本質・戦略・実践』ダイヤモンド社（Theodore Levitt［1969］Marketing for Business Growth)。

むすびに

　人は、正しいか正しくないかだけで動くのではなく、心で動く生き物です。そのため、事業の成功には、人の心の動きが非常に重要な影響を与えます。人の心を動かし、やる気を引き出す人間的要素と経営理論や経営ツールとを融合させ、現実の経営課題の解決と企業経営の推進に役立つ企業経営の実務的な解説書はないものかと思っていました。

　このような思いを持ち、私の座右の銘である「随縁」[1]という言葉を信じ、駆け出しの公認会計士として株式会社たけびしで業務に従事し始めた頃でした。昼休みが始まる少し前、誰もいない本社最上階、全面ガラス張りの7階社員食堂で、いつも1人で毅然と昼食をとられていた当時の岩田社長のお姿が、とても印象深く、鮮明に私の記憶に残っております。当時経理部長だった松木明取締役監査等委員から、当時の岩田社長が計画審議会等の公式な場面やワイガヤ会等の非公式な場面で、若手から幹部まで「会社を良くするため」の意見を積極的に聞かれていたとお伺いしていたこともあり、なぜ昼食だけはおひとりで召し上がっていたのか、どうすればビジョナリー・カンパニーをつくり上げることができるのかなど、2003年当時からずっとお伺いしたいと思っていました[2]。

1　「随縁」（守屋［1982］271頁）。随縁とは、仏教用語で、縁に随うという意味です。ご縁に寄り添い、目の前のことに精進することと、私なりに解釈しています。現状をあるがまま受け入れ、どのような状況におかれても、その時々の状況でベストを尽くす気持ちを大切にし、日々精進していきたいと思います。
2　従業員が500名くらいの規模の社長が、社員食堂で社員と同じ時間に昼食をとっていると、社員たちは座る場所に気を使い、あるいは、同席回数の多い社員がいると社長の好き嫌いではないかと勘繰るようになってしまいます。そうなると、楽しいはずの昼食がつまらなくなったり、組織の指揮命令系統にも悪影響を及ぼしたりし、組織がバラバラになってしまいかねません。そのため、当時の岩田社長は、昼休みが始まる少し前に1人で昼食をとっていらっしゃったそうです。

「2004年たけびし中期ビジョンT720」[3]を目指し、「会社をより良くするため」に、企業の実態を映す写像である会計に関する業務に少し関与させていただけた機会は、「顧問先企業が少しでもより良くなるために」という思いを持ち、企業の実態を現地現物で把握し、公認会計士・税理士という専門性を活かした業務を遂行していくうえで、私にとってかけがえのない貴重な経験になっています。

本書の執筆に先立ち、岩田武久取締役相談役の社長時代の経営哲学の神髄が要約された『岩田社長語録集』を拝見する機会がありました。この『岩田社長語録集』は、当時の岩田社長が「京都発最強の技術商社」を目指し、その時々の状況下で従業員に対して発したメッセージが時系列にまとめられており、組織全員が自ら考え、自ら行動し、結果に責任を持つ熱気と一体感のある組織づくりについて、とてもインスピレーションの湧く書物になっていました。

そこで、まず第1章〜6章では、『岩田社長語録集』の編纂に携わられた田村裕明執行役員に相談しつつ、岩田武久取締役相談役への数多くの質問やインタビューをもとに、作成した原稿をスタートに校正を重ね、経営者が、どのような経営ビジョンを掲げ、従業員に対しどのようなメッセージを発し、経営を推進していくかという企業を成長させる極意について、内容毎に質疑応答の形式で再現しました。

続くワーク編は、第1章〜6章の内容を組織全員で実践するためのワークシートを準備しました。

---

3 2003年6月に代表取締役社長に就任された岩田武久氏（現・株式会社たけびし取締役相談役）は「京都発最強の技術商社」を目指し、2004年に「中期ビジョンT720（T：たけびしグループ、7：連結売上高700億円、2：連結経常利益20億円、0：「不良債権・未回収債権」「不良在庫」撲滅）」を掲げ、2002年3月期（連結）売上高450億円、（連結）経常損失8百万円から、5年間で（連結）売上高701億円、（連結）経常利益20億円企業に押し上げました。その後も業績はさらに拡大し、2019年3月期には、（連結）売上高833億円、（連結）経常利益39億円を達成しています。

　本書は、これまでご指導賜った恩師、経営者、経営幹部、現場の方々等との出会いや経験がベースになっています。1人ひとりのお名前をあげることはできませんが、心から感謝申し上げます。

　最後になりますが、同文舘出版株式会社の青柳裕之氏と高清水純氏には、本書の企画段階から出版に至るまで、貴重なご助言や多大なお力添えをいただきました。この場を借りて、厚く御礼申し上げます。

　本書が、企業経営の疑問の解決や悩みの解消や、顧客の期待を超える付加価値の創造と高い従業員満足度の両立による中長期的な企業成長の実現や、持続可能で平和で豊かな経済社会の発展の実現に役立つニュービジネスの創出等に、少しでも貢献できることを、祈っております。

山田　善紀

[著者略歴] 2021 年 3 月現在

岩田　武久（いわた　たけひさ）

京都大学法学部卒業後、1969 年 4 月三菱電機株式会社に入社、以来名古屋製作所、本社で全社物流オンラインシステムの新構築・導入（3 年）、FA システム機器営業（20 年）、全社人事（3 年）担当を経て国内外数兆円の資材調達を統括する本社資材部長、国内外関係会社 200 余社の企業集団を統括する本社関係会社事業推進本部長を歴任。

2003 年 4 月竹菱電機株式会社（現株式会社たけびし）に入社。同年 6 月代表取締役社長に就任し、社長を 9 年、取締役会長を 5 年務めた。2017 年 6 月取締役相談役となり現在に至る。

山田　善紀（やまだ　よしのり）

公認会計士。税理士。

1999 年 4 月監査法人トーマツ（現有限責任監査法人トーマツ）大阪事務所に入所、2006 年 4 月税理士法人川嶋総合会計に入社、2009 年 1 月社員に就任、2011 年 7 月代表社員に就任し、現在に至る。株式会社フジックス社外取締役監査等委員、株式会社トーセ社外取締役監査等委員、株式会社たけびし社外取締役監査等委員などを兼任。

日本監査研究学会会員、日本内部統制研究学会会員。

主な著書、公表論文には、『企業再生のための経済政策』同文舘出版（共著）、『基礎からわかる管理会計の実務』商事法務（共著）、「負債認識における蓋然性要件が金融機関に及ぼす影響―発生可能性の低いリスクにかかる引当金の認識および測定をめぐる諸問題を中心に―」大阪銀行協会（大銀協フォーラム平成 24 年度特別賞受賞）、「潜在的なリスクと業績評価指標の課題」（Problems of Potential Risks and Performance Indicators）（日本経営分析学会　第 31 回年次大会・統一論題「業績・業績測定・業績評価とは何かを再考する」）『経営分析研究』（第 31 巻）などがある。

2021 年 6 月 10 日　　初版発行　　　　　　略称：経営ビジョン

実現する経営ビジョン・経営計画 Q&A
―熱気と一体感のある組織が企業を成長させる―

著　者　Ⓒ 岩田武久・山田善紀

発行者　　中 島 治 久

発行所　同 文 舘 出 版 株 式 会 社
東京都千代田区神田神保町 1-41　〒 101-0051
営業（03）3294-1801　編集（03）3294-1803
振替 00100-8-42935　http://www.dobunkan.co.jp

Printed in Japan 2021　　　　　　　　DTP：マーリンクレイン
印刷・製本：萩原印刷

ISBN978-4-495-39046-4